60 Façons de faire des économies au quotidien.

Bienvenue dans cet extrait de "Comment faire des économies", une reformulation astucieuse qui explore divers sujets liés à la gestion financière. J'ai choisi de rendre disponible ce livre sous forme de parties distinctes, afin que ceux qui ne cherchent qu'à approfondir certains sujets ne soient pas contraints d'acquérir l'intégralité de l'ouvrage.

Si cette section vous intéresse, je vous encourage à découvrir l'ensemble du livre, qui aborde une multitude de thèmes tels que la gestion des dépenses liées à la voiture, les stratégies d'économie lors des courses, les opportunités d'investissement, ainsi que des conseils pratiques sur la tenue d'un budget et l'épargne. Vous y trouverez des astuces adaptées à tous les profils.

Dans cet extrait, nous nous concentrerons sur les moyens de réaliser des économies depuis le confort de votre domicile. Nous explorerons des méthodes pour réduire vos factures, adopter des alternatives durables dans votre quotidien, et bien d'autres conseils encore, que vous découvrirez au fil de la lecture de ce livre.

60 Façons de faire des économies au quotidien.

Après le magasin (référence à l'une des parties du livre complet), la maison est l'un des endroits où on peut économiser le plus, mais c'est aussi le lieu où l'on peut perdre le plus d'argent si on n'y prête pas attention. Dans ce chapitre, nous verrons à travers plusieurs axes comment on peut économiser de l'argent chez soi. Nous nous pencherons sur la gestion des ressources, sur les alternatives qu'on peut mettre en place pour les économiser, mais aussi sur la maison en elle-même. Certains conseils ne vous feront pas économiser des milliers d'euros, mais ils restent néanmoins utiles. À la fin, comme depuis le début du livre, nous récapitulerons tous les conseils de manière succincte, afin que vous puissiez les retrouver facilement si jamais vous avez besoin de les consulter à nouveau.

Commençons par l'un des points les plus importants lorsque l'on veut économiser chez soi : LES RESSOURCES.

L'une des dépenses les plus significatives dans une maison concerne les factures, qui représentent en moyenne jusqu'à 30% du budget mensuel d'un ménage. Il convient donc de s'y pencher sérieusement.

Il y a plusieurs types de factures, comme on a déjà parlé des abonnements téléphoniques et des autres abonnements de ce type nous n'aborderons plus le sujet dans cette partie du livre.

60 Façons de faire des économies au quotidien.

Retenez juste que si vous avez pris un abonnement sans trop faire de recherche, sachez qu'en fouillant et en renégociant, vous pouvez trouver un forfait, un abonnement, ou une formule qui vous conviendra sans doute mieux. Cette démarche vous permettra d'économiser facilement et rapidement chaque mois.

On se penchera ici sur les factures d'eau, d'électricité et de gaz. Qui sont les trois principales en France.

Petit point rapide est important, actuellement l'électricité et le gaz connaissent d'énormes augmentations des prix qui devrait continuer pendant un moment. Ces augmentations sont du a beaucoup de choses, d'une part la dépréciation de l'euro par rapport aux autres monnaies qui fait que le gaz et l'électricité qu'on achète nous coûtes plus chère à l'international.

De plus, la demande d'électricité et de gaz augmente chaque année, tandis que l'offre commence à stagner, ce qui entraîne une hausse des prix. Pour mieux comprendre, imaginez un gâteau : si de plus en plus de personnes veulent une part de ce gâteau, mais que sa taille reste la même, les parts deviendront plus petites et chacune coûtera plus cher. C'est un peu ce qui se passe avec l'électricité et le gaz : la demande croissante pour ces ressources fait grimper les prix, car l'offre n'augmente pas suffisamment pour répondre à cette demande croissante. De plus, la production de

60 Façons de faire des économies au quotidien.

gaz se base sur des réserves de gaz qui diminuent année après année, ce qui signifie que non seulement le gâteau rétrécit, mais il y a aussi de moins en moins de gâteau disponible.

Parmi les nombreux facteurs contribuant à cette tendance, on peut citer la guerre entre la Russie et l'Ukraine, qui réduit les exportations d'énergie de ces deux pays, ayant d'autres priorités à gérer.

Il existe encore de nombreux autres éléments à prendre en compte, mais ce qu'il faut retenir, c'est que cette hausse des prix est bien partie pour se prolonger. Cependant, tout n'est pas perdu, et il est encore possible de limiter les dommages dans de nombreux foyers, préservant ainsi leur pouvoir d'achat grâce à des économies. En effet, à l'heure actuelle, il est essentiel de contenir les augmentations de prix dans notre quotidien, car toutes les dépenses sont interconnectées. Réaliser des économies aura forcément des répercussions positives quelque part.

Commençons donc enfin ce chapitre par la maxime désormais bien connue en France :

"La meilleur des énergies, c'est celle qu'on ne consomme pas"

60 Façons de faire des économies au quotidien.

Le poids des factures en chiffre.
Sur 1 an en moyenne.

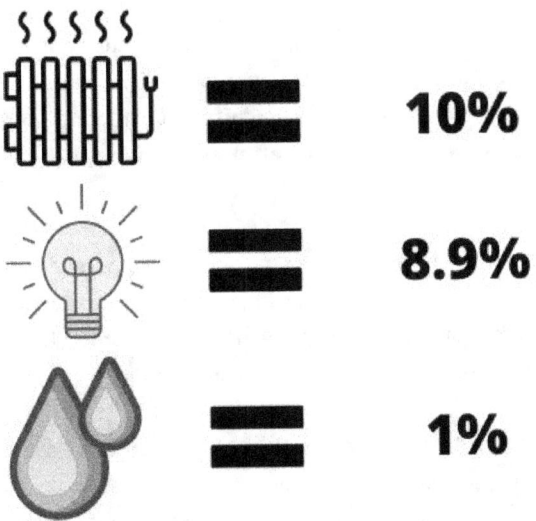

60 Façons de faire des économies au quotidien.

L'eau

L'eau, sans doute l'un des points sur lesquels on peut agir le plus efficacement, offre de nombreuses stratégies pour en économiser.

Dans un premier temps, nous examinerons celles qui peuvent être mises en place rapidement. Pourquoi commencer par celles-ci ? Tout simplement pour vous montrer que réduire votre facture d'eau peut se faire rapidement et avoir un impact réel sur votre budget.

Avant toute chose, il est important de comprendre les divers usages de l'eau dans notre quotidien. En définissant ses différentes utilités, nous pouvons mieux cerner les actions à entreprendre pour limiter notre consommation.

Tout d'abord, l'une des fonctions vitales de l'eau est d'hydrater notre corps. Nous devons donc boire de l'eau quotidiennement sous peine de risquer de graves problèmes de santé, voire le décès (mais je ne vous apprends rien sur ce point). En moyenne, un être humain doit consommer entre 1 et 2 litres d'eau par jour, soit environ 60 litres par mois. À un prix moyen de 0,50 centimes le litre, cela signifie qu'un individu qui consomme de l'eau en bouteille dépense environ 30 euros par mois pour s'hydrater.

60 Façons de faire des économies au quotidien.

Dans une maison, l'eau est utilisée pour une multitude de tâches d'hygiène, allant des lavages partiels, tels que se laver les mains ou se brosser les dents, aux lavages complets, comme prendre une douche ou un bain.

Pour mieux comprendre l'importance de ces gestes quotidiens, examinons la consommation moyenne d'eau associée à chacun d'eux. Par exemple, une personne moyenne utilise environ 5 à 10 litres d'eau pour se laver les mains, et environ 10 à 20 litres pour se brosser les dents. En ce qui concerne les douches, une douche de 5 minutes peut consommer entre 40 et 60 litres d'eau, tandis qu'un bain peut utiliser jusqu'à 150 litres d'eau. Evidemment, cette consommation est une moyenne, voire même dans le cas du brossage de dent, une moyenne très très élevée, aujourd'hui par exemple, plus personne ne laisse l'eau couler pour se brosser les dents. Cependant, elle peut vous permettre de vous faire une estimation.

Maintenant, considérons le coût moyen de cette consommation d'eau. En supposant un prix moyen de l'eau d'environ 3 euros par mètre cube (ou 1000 litres), cela signifie que se laver les mains peut coûter entre 0,015 et 0,03 centimes d'euros, se brosser les dents entre 0,03 et 0,06 centimes d'euros, une douche de 5 minutes entre 0,12 et 0,18 centimes d'euros, et un bain jusqu'à 0,45 centimes d'euros, en fonction de la durée et du débit d'eau.

60 Façons de faire des économies au quotidien.

Ensuite, l'eau assure l'hygiène de manière indirecte via l'évacuation des déchets aux toilettes. Elle permet aussi d'entretenir la maison en la lavant à l'eau, souvent associée à un produit nettoyant. Prenons l'exemple de la vaisselle : utiliser de l'eau pour laver la vaisselle est une tâche quotidienne essentielle dans de nombreux foyers.

De plus, l'eau joue un rôle crucial dans l'entretien des plantes. Arroser régulièrement nos plantes leur permet de croître et de prospérer, contribuant ainsi à créer un environnement agréable et vivant dans nos maisons.

Enfin, l'eau est un ingrédient fondamental en cuisine. Que ce soit pour la cuisson des aliments, la préparation des repas, ou simplement pour boire, l'eau est indispensable dans toutes les cuisines.

En moyenne, on estime qu'une personne consomme environ 150 litres d'eau par jour. Cela équivaut à environ 120 mètres cubes d'eau par an. En tenant compte de ces chiffres, cela représente globalement environ 480 euros de factures par an pour la consommation d'eau, en considérant un prix moyen de l'eau d'environ 3 euros par mètre cube.

Il est donc important de prendre conscience de l'ampleur de notre consommation d'eau et d'adopter des habitudes responsables

60 Façons de faire des économies au quotidien.

pour limiter notre empreinte hydrique et réduire nos dépenses en eau.

Les toilettes représentent une part significative de la consommation d'eau domestique, utilisant en moyenne entre 8 à 12 litres d'eau par chasse. Pour donner une idée plus concrète, une personne effectuant en moyenne 5 chasses d'eau par jour peut consommer jusqu'à 60 litres d'eau rien que pour les toilettes. Cela représente environ 10% de la consommation d'eau quotidienne d'une personne moyenne.

En France, le coût moyen d'une chasse d'eau est d'environ 3 centimes par utilisation. Ramené sur une année, cela équivaut à environ 35 euros de dépenses liées à l'utilisation des toilettes pour une personne réalisant 5 chasses d'eau par jour.

Première stratégie : Ne pas tirer la chasse à chaque fois.

Déjà, ce que vous pouvez faire vis-à-vis de vos toilettes, c'est prendre le réflexe de ne pas tirer la chasse à chaque utilisation. Un proverbe anglais illustre bien cette idée : "Si c'est jaune, laisse-le ; si c'est brun, chasse-le". Bien que peu élégante, cette expression résume parfaitement l'idée : en ne tirant la chasse que lorsque c'est nécessaire, on évite le gaspillage d'eau.

60 Façons de faire des économies au quotidien.

Bien entendu, il est essentiel de maintenir des normes d'hygiène appropriées et de veiller à l'absence d'odeurs désagréables. Cependant, il est pertinent de se poser la question : est-ce vraiment nécessaire de dépenser entre 8 à 12 litres d'eau pour évacuer simplement 0,5 litres d'urine ? Pourrait-on attendre d'avoir utilisé les toilettes deux ou trois fois avant de tirer la chasse ?

Cette technique ne convient pas à tout le monde, mais elle a l'avantage d'être efficace. Pour une personne qui se rend aux toilettes environ 5 fois par jour, elle pourrait économiser entre 2 à 3 chasses d'eau par jour en appliquant cette méthode. Sur une année, cela représente une diminution significative de la facture d'eau liée aux toilettes, pouvant être réduite de moitié.

Cette approche simple mais astucieuse permet non seulement de réaliser des économies d'eau substantielles, mais également de contribuer à la préservation de cette ressource précieuse.

2ème stratégie : La technique de la bouteille.

Ensuite, une deuxième technique pour économiser encore plus d'eau est ce qu'on appelle la technique de la bouteille. En moyenne, une chasse d'eau utilise plusieurs litres d'eau, souvent

60 Façons de faire des économies au quotidien.

plus que nécessaire. En réalité, 1 ou 2 litres peuvent suffire amplement. C'est là que cette technique intervient.

Je vous conseille donc d'ouvrir le haut de vos toilettes, là où se trouve le bouton de chasse. Normalement, vous devriez avoir accès au réservoir d'eau. Lorsque vous tirez la chasse, le réservoir se vide puis se remplit progressivement. Il s'arrête de se remplir lorsque le flotteur atteint un certain niveau. Vous pouvez intervenir sur ce processus pour économiser de l'eau.

Pour ce faire, munissez-vous d'une bouteille d'un ou deux litres que vous insérerez dans le réservoir lorsque celui-ci est vide. Le poids de la bouteille fera augmenter le niveau de l'eau. Pour vous donner une idée, c'est un peu comme lorsque vous entrez dans un bain et que le niveau de l'eau monte. De la même manière, lorsque vous placez la bouteille dans le réservoir, le niveau monte également.

Ainsi, à chaque chasse tirée, vous économiserez en eau le volume de la bouteille que vous avez insérée : 2 litres si la bouteille fait 2 litres, 1 litre si elle fait un litre, et ainsi de suite. Cette technique est d'autant plus efficace que les chasses d'eau ont tendance à utiliser plus d'eau que nécessaire. Avec cette méthode, elles utiliseront juste la quantité nécessaire, ce qui vous permettra de réaliser des économies significatives.

60 Façons de faire des économies au quotidien.

En appliquant ces deux techniques simples, vous pouvez diviser vos factures d'eau liées aux toilettes par deux. Cela représente environ 17 euros d'économies par an, soit 1 euro d'économies chaque mois sans même y penser. À noter que le coût moyen de mon livre est d'environ 14,50 euros, ce qui signifie que vous vous serez remboursé de votre achat en un an seulement.

Une fois la bouteille en place, vous n'aurez plus besoin d'y penser, et lorsque vous aurez pris le réflexe de ne plus tirer la chasse à chaque fois, cela deviendra également automatique. Installer la bouteille ne prend que 3 minutes (le temps de préparer la bouteille, d'ouvrir les toilettes et de l'installer), et la première astuce ne nécessite aucun effort pour être mise en place.

Stratégie 3 : Entretenez vos toilettes.

Ensuite, nous arrivons à un conseil traditionnel mais non moins important : prenez soin de vos toilettes. Imaginons que vous ayez mis en place les deux systèmes précédents, c'est formidable ! Cependant, si vos toilettes commencent à fuir régulièrement en raison d'un manque d'entretien, vous risquez de perdre la plupart des économies que vous avez réalisées. Il est donc essentiel de veiller régulièrement à l'état de vos toilettes.

60 Façons de faire des économies au quotidien.

Pour commencer, vérifiez périodiquement si votre toilette est toujours bien fixée au sol. Une toilette mal serrée peut entraîner des fuites d'eau, gaspillant ainsi cette précieuse ressource et augmentant votre facture d'eau. Assurez-vous également que vos tuyaux sont toujours étanches. Les fuites au niveau des joints ou des tuyaux peuvent également causer des pertes d'eau importantes.

Si vous remarquez des signes de fuite ou d'usure, n'hésitez pas à intervenir rapidement pour réparer ce qui doit l'être. Cela peut impliquer le remplacement de joints défectueux, le resserrage des fixations ou même l'intervention d'un professionnel si nécessaire. Bien que cela puisse nécessiter un investissement initial, cela vous permettra d'éviter des pertes d'eau inutiles et de maintenir vos économies à long terme.

Stratégie 4 : Les toilettes sèches.

Vous pouvez également opter pour une solution radicale qui consiste à ne plus jamais tirer la chasse, grâce à des techniques que je vais vous présenter. La première méthode, bien que peu adaptée à tout le monde, est l'une des solutions les plus économiques que vous pouvez mettre en place : les toilettes sèches. Une fois l'installation réalisée, vous n'aurez plus aucun

60 Façons de faire des économies au quotidien.

frais supplémentaire, car la sciure nécessaire se trouve gratuitement. En effet, de nombreuses entreprises qui travaillent le bois se débarrassent de la sciure et n'ont pas toujours de solution pour la valoriser.

De plus, cette méthode offre l'avantage de produire un engrais naturel. Le seul investissement nécessaire est celui du temps et de l'entretien régulier. Cette méthode permet d'économiser environ 35 euros par personne et par an. Cependant, il est important de noter que sa mise en place peut être complexe et demande un certain travail quotidien, comme vider le seau ou remplir la cuve à sciure. Malgré ces contraintes, les toilettes sèches demeurent une option crédible et efficace pour réduire considérablement votre consommation d'eau et vos dépenses.

Stratégie 5, Avoir de la récupération d'eau.

Enfin, une autre technique consiste à récupérer de l'eau. Comme nous l'avons vu précédemment, le réservoir de vos toilettes se moque de savoir si l'eau arrive rapidement ou non. Ce qui importe, c'est que le flotteur atteigne une certaine position pour arrêter l'écoulement de l'eau. Ainsi, vous pouvez parfaitement récupérer de l'eau dans votre maison et l'utiliser soit pour remplir le réservoir des toilettes (ce que je recommande), soit pour la verser

60 Façons de faire des économies au quotidien.

directement dans la cuvette afin de déclencher la chasse d'eau sans utiliser l'eau présente dans le réservoir.

Je préconise la technique de remplir le réservoir, car elle est plus précise que celle qui consiste simplement à verser l'eau dans la cuvette. Lorsque le réservoir des toilettes est plein, il est facilement reconnaissable, et il devient inutile de le remplir davantage. En revanche, pour la cuvette, il est difficile de déterminer si elle est pleine, et elle continuera à évacuer l'eau que vous lui versez, même si elle ne peut pas être remplie complètement.

Au final, dans les deux cas, vous consommez très peu d'eau avec cette technique. Cependant, dans le cas du remplissage du réservoir, vous optimisez encore un peu plus votre consommation d'eau. En revanche, avec la méthode de remplissage direct dans la cuvette, il y a un risque de pertes, certes minimes au quotidien, mais qui pourraient s'accumuler au fil des années. À long terme, ces pertes pourraient représenter une somme importante, pouvant atteindre plusieurs milliers d'euros.

Maintenant, parlons des différentes façons de récupérer de l'eau. Tout d'abord, si vous avez une fuite d'eau due à un tuyau défectueux, vous pouvez récupérer l'eau en plaçant un récipient en

60 Façons de faire des économies au quotidien.

dessous de l'endroit qui fuit. Cette méthode permettra de limiter les dégâts causés par la fuite.

Dans ce cas, vous utiliserez effectivement de l'eau considérée comme consommée, mais vous n'aurez pas de surconsommation.

Ensuite, lors de votre douche, vous pouvez également récupérer de l'eau de deux manières. Si votre eau met du temps à chauffer et doit couler quelques instants avant d'atteindre la température désirée, vous pouvez laisser couler l'eau dans un seau pendant ce laps de temps afin de l'utiliser ultérieurement pour les toilettes. Une autre méthode consiste à positionner un seau devant vous pendant votre douche, de sorte qu'une partie de l'eau tombe directement dans le seau pendant que vous vous lavez.

De plus, si vous le jugez utile, vous pouvez récupérer une partie de l'eau sous votre évier en dévissant légèrement le bouchon en dessous pour la laisser couler lorsque vous utilisez les robinets. Cette action crée une fuite, mais une fuite d'eau qui sera déjà considérée comme utilisée, vous permettant ainsi de réutiliser cette eau.

En fin de compte, que vous consommiez de l'eau dans votre douche ou avec vos éviers, vous devrez la payer de toute façon.

60 Façons de faire des économies au quotidien.

Alors, pourquoi ne pas utiliser une partie de cette eau pour ne pas en consommer ailleurs, comme dans l'exemple des toilettes ?

Cette eau que vous avez récupérée peut être utilisée pour de nombreuses autres fins. Comme nous l'avons déjà mentionné, vous pouvez l'utiliser pour les toilettes. De plus, vous pouvez l'utiliser pour arroser vos plantes ou pour nettoyer vos sols.

Cependant, il est important de noter que cette eau ne sera pas propre à la consommation. Il est donc essentiel de l'utiliser rapidement pour éviter qu'elle stagne. De plus, il est préférable d'éviter de la faire entrer en contact avec des zones sensibles, telles que votre vaisselle ou votre corps. Réutiliser plusieurs fois la même eau pour des usages sanitaires n'est pas recommandé pour des raisons d'hygiène et de santé.

En ce qui concerne la consommation d'eau, il existe d'autres stratégies que vous pouvez envisager. Par exemple, il est important de ne pas laisser couler l'eau trop longtemps pendant la douche. Essayez de limiter vos douches à une durée comprise entre 4 et 5 minutes en moyenne.

Si vous souhaitez réduire davantage votre temps sous la douche, vous pouvez également envisager de baisser la température de l'eau. En général, une douche froide dure environ 2 à 3 minutes,

60 Façons de faire des économies au quotidien.

tandis qu'une douche chaude peut durer entre 7 et 8 minutes en moyenne. Si vous êtes prêt à sacrifier un peu de confort pour économiser de l'eau, diminuer la température de l'eau peut être une option judicieuse pour réduire votre temps sous la douche.

De même, lors de la vaisselle, veillez à ne pas laisser l'eau couler en continu. Adoptez plutôt la méthode du lavage en plusieurs étapes, en remplissant un évier ou un bac d'eau savonneuse pour laver la vaisselle, puis en rinçant rapidement sous un filet d'eau.

Lorsque vous vous brossez les dents, évitez également de laisser l'eau couler inutilement. Pensez simplement à votre consommation et cherchez des moyens de l'optimiser. En adoptant ces petites habitudes au quotidien, vous constaterez rapidement des économies significatives sur votre consommation d'eau.

60 Façons de faire des économies au quotidien.

Investir dans l'eau.

Investir dans des solutions pour économiser l'eau peut être une démarche avisée. Dans cette section, explorons ensemble ce que vous pouvez acheter pour réduire vos dépenses liées à l'eau.

Tout d'abord, pour l'eau que vous consommez au quotidien, notamment celle que vous buvez, envisagez d'investir dans une carafe filtrante et une gourde réutilisable. Cela vous permettra de réaliser des économies tout en réduisant votre empreinte environnementale. En effet, en utilisant une carafe filtrante, vous n'aurez plus besoin d'acheter régulièrement des bouteilles d'eau en plastique, ce qui vous fera économiser de l'argent à long terme.

Cependant, il est important de noter que vous devrez changer les filtres de la carafe régulièrement. La durée de vie des filtres peut varier en fonction de la marque et du modèle, mais en général, ils durent plusieurs mois avant d'avoir besoin d'être remplacés.

Mon conseil est de comparer le coût de votre consommation d'eau mensuelle lorsque vous achetez de l'eau en bouteille avec le coût de l'eau du robinet plus le prix d'un filtre à eau. Si le coût total de la première option est plus élevé que celui de la seconde, il peut être intéressant d'investir dans un système de filtration. En revanche, si le prix de votre eau en bouteille est moins cher, vous pouvez continuer à opter pour cette solution.

Cette analyse vous permettra de prendre une décision éclairée et de choisir l'option la plus économique et la plus écologique pour votre consommation d'eau potable.

Dans votre analyse, assurez-vous de prendre en compte le coût initial du filtre ainsi que sa durée de vie. Par exemple, si vous devez débourser 40 euros pour un filtre, mais que celui-ci a une durée de vie de 20 ans, alors il est judicieux de l'acheter.

De plus, en optant pour une gourde réutilisable, vous produirez moins de déchets plastiques, ce qui constitue un geste bénéfique pour l'environnement. Pour une durabilité optimale, privilégiez les gourdes en métal plutôt qu'en plastique. Elles dureront plus longtemps et nécessiteront moins de remplacements fréquents.

Investir dans un lave-vaisselle basse consommation peut également être une option intéressante. Ces appareils sont conçus pour utiliser moins d'eau que le lavage à la main, ce qui peut se traduire par des économies sur votre facture d'eau à long terme.

Un autre investissement potentiel est un récupérateur d'eau de pluie. Bien que l'eau collectée ne soit pas adaptée à la

60 Façons de faire des économies au quotidien.

consommation humaine, elle peut être utilisée pour des tâches ménagères telles que le nettoyage de la maison, l'arrosage des plantes ou même pour tirer la chasse d'eau des toilettes.

Par ailleurs, vous pouvez réduire votre consommation d'eau grâce à des dispositifs simples comme les aérateurs. Ces petits appareils en plastique se fixent sur vos robinets et réduisent le débit d'eau en injectant de l'air dans le flux. Cela permet de maintenir un débit satisfaisant tout en économisant de l'eau, ce qui peut avoir un impact significatif sur votre consommation globale.

L'installation de dispositifs tels que les aérateurs peut vous permettre de réaliser d'importantes économies d'eau. En effet, ces appareils peuvent réduire votre consommation d'eau de jusqu'à 50% lorsqu'ils sont utilisés avec des robinets et des pommeaux de douche équipés de cette technologie.

Les pommeaux de douche économiques sont également des outils efficaces pour réduire la consommation d'eau tout en préservant le confort de la douche. En ajustant le débit d'eau, ces pommeaux permettent une utilisation plus efficace de l'eau, ce qui se traduit par des économies sur votre facture d'eau.

60 Façons de faire des économies au quotidien.

Cependant, il existe de nombreux autres équipements et dispositifs, certains plus connus que d'autres, qui peuvent vous aider à économiser de l'eau et, par conséquent, de l'argent. Même en se limitant aux exemples mentionnés, vous pouvez déjà réaliser des économies significatives sur votre consommation d'eau.

Une fois que nous avons abordé la question de l'eau, nous pouvons passer à un sujet qui préoccupe beaucoup de gens, surtout avec les récentes augmentations de prix : l'électricité.

60 Façons de faire des économies au quotidien.

L'électricité.

Tout comme pour l'eau, la plupart des stratégies ici viseront à réduire sa consommation voire à s'en passer complètement. Nous examinerons également des alternatives qui permettent de maintenir un certain niveau de confort de vie sans dépendre entièrement de l'électricité.

À quoi sert l'électricité ? Tout comme l'eau, elle joue un rôle essentiel dans nos foyers. L'électricité est une forme d'énergie indispensable à de nombreuses fonctions quotidiennes, et aujourd'hui, son importance est indéniable.

"Rien ne se perd, rien ne se crée, tout se transforme."

En transformant l'électricité en d'autres formes d'énergie, nous améliorons considérablement notre confort de vie. Elle est essentielle pour chauffer nos maisons à travers les radiateurs et pour alimenter nos appareils électriques tels que les ordinateurs, les télévisions, les fours et les équipements ménagers. De plus, elle est indispensable pour faire fonctionner nos réfrigérateurs, éclairer nos espaces et chauffer notre eau.

60 Façons de faire des économies au quotidien.

Les utilisations de l'électricité sont nombreuses, et il serait difficile de toutes les énumérer. Cependant, pour illustrer son importance, examinons ce qui se passe en cas de coupure de courant.

Lors d'une panne d'électricité, la première chose que l'on remarque est l'obscurité dans les pièces sans fenêtres. Ensuite, nous perdons rapidement de la chaleur car le chauffage central ne fonctionne plus (à moins qu'il ne soit alimenté au gaz). Nous constatons également que le réfrigérateur et le congélateur ne sont plus froids, ce qui compromet la conservation des aliments. De plus, nous perdons l'accès à Internet car le Wi-Fi est hors service, et la possibilité de réchauffer les aliments est limitée à des méthodes alternatives telles que le barbecue ou le feu ouvert. L'eau chaude n'est plus disponible non plus, car la plupart des maisons dépendent d'un chauffe-eau électrique pour la chauffer. Enfin, bon nombre de nos activités de loisirs habituelles deviennent impossibles sans électricité.

Il est indéniable que l'électricité est omniprésente dans notre quotidien et qu'elle est utilisée pour une multitude de tâches. En moyenne, un Français consomme environ 12,5 kilowattheures (KWh) d'électricité par jour et 4 600 KWh par an. En 2019, cette consommation annuelle moyenne se traduisait par environ 400 euros de factures. Cependant, il est important de noter que ces

60 Façons de faire des économies au quotidien.

chiffres datent de 2019, et depuis lors, les prix de l'électricité ont considérablement augmenté.

Stratégie 6 : Débranchez vos appareils.

Il est crucial de prendre conscience des gestes simples que l'on peut adopter pour réduire notre consommation d'électricité. Tout d'abord, débrancher les appareils électriques lorsqu'ils ne sont pas utilisés est une pratique essentielle. Par exemple, une fois que votre ordinateur portable est entièrement chargé, le laisser constamment branché ne fait qu'endommager la batterie et gaspiller de l'électricité. Ainsi, débranchez les appareils inutilisés pour éviter une consommation d'électricité parasite.

Un autre exemple courant est celui des multiprises avec un bouton On/Off. Même lorsque rien n'est branché, ces multiprises peuvent consommer de l'électricité, comme en témoigne la lumière rouge qui reste allumée. On estime qu'une multiprise allumée pendant une année peut coûter environ 10 euros en électricité. Par conséquent, en éteignant ou en débranchant ces multiprises lorsqu'elles ne sont pas utilisées, on peut économiser plusieurs euros par an.

60 Façons de faire des économies au quotidien.

De plus, débrancher régulièrement vos appareils électriques est également bénéfique pour leur durée de vie. En préservant la batterie et en évitant une utilisation constante, vous réduisez le risque de dégradation prématurée de vos appareils, ce qui signifie moins de remplacements fréquents et donc plus d'économies à long terme. En adoptant ces pratiques simples, vous pouvez réduire significativement votre consommation d'électricité et faire des économies tout en préservant vos équipements électriques.

Stratégie 7 : Éteignez les lumières quand vous n'êtes pas dans la pièce.

En ce qui concerne l'éclairage, il est important d'adopter des habitudes économes en énergie. La règle de base est de toujours éteindre les lumières lorsque vous quittez une pièce. De plus, il est possible d'aller plus loin en limitant l'utilisation des lumières lorsque cela est possible. Pendant la journée, essayez d'utiliser autant que possible la lumière naturelle du soleil pour éclairer vos pièces. Vous pouvez également augmenter la luminosité naturelle en nettoyant régulièrement vos fenêtres et les surfaces qui laissent passer la lumière. Lorsque ces surfaces sont propres, elles permettent à plus de lumière naturelle d'entrer dans votre maison, réduisant ainsi le besoin d'éclairage artificiel et économisant de l'électricité. En adoptant ces pratiques simples,

60 Façons de faire des économies au quotidien.

vous pouvez réduire votre consommation d'électricité tout en bénéficiant d'un éclairage adéquat dans votre domicile.

Stratégie 8 : Éteindre les appareils ou les mettre en veille.

Pour réduire votre consommation d'électricité, pensez à éteindre complètement les appareils électroniques lorsque vous ne les utilisez pas, au lieu de les laisser en veille. Par exemple, si vous utilisez la télévision uniquement pour avoir un fond sonore, éteignez-la plutôt que de laisser tourner inutilement. Cette simple habitude peut vous permettre de réaliser des économies notables sur votre facture d'électricité. Si vous souhaitez tout de même avoir un fond sonore, envisagez d'investir dans une radio solaire. Bien que son prix initial puisse être élevé, certaines radios solaires peuvent également fonctionner comme une batterie externe, ce qui en fait un investissement rentable à long terme.

Stratégie 9 : Utilisez les heures creuses/ heures pleines.

En fonction de votre contrat, vous bénéficierez généralement d'une plage horaire où le coût de l'électricité est réduit, que l'on appelle les heures creuses. En planifiant vos activités, vous pouvez utiliser la plupart de vos appareils énergivores pendant

60 Façons de faire des économies au quotidien.

cette période, ce qui permet de réaliser des économies significatives. Profitez des heures creuses pour effectuer les tâches qui demandent le plus d'électricité. Par exemple, si vous êtes en heures creuses pendant la nuit, vous pouvez démarrer votre lave-vaisselle (en veillant à le remplir complètement), votre machine à laver (en essayant également de faire des lessives complètes) et recharger vos appareils électroniques. En combinant l'utilisation des heures creuses avec des mesures visant à limiter votre consommation d'énergie, telles que le débranchement des appareils inutilisés pendant la journée, vous pourrez réaliser des économies considérables sur votre facture d'électricité.

Voici une liste de chose que vous pouvez faire à ce moment là :

Utilisation des gros appareils électroménagers : Pendant les heures creuses, vous pouvez programmer le démarrage de votre lave-vaisselle et de votre machine à laver. Par exemple, lancez votre lave-vaisselle juste avant de vous coucher pour qu'il fonctionne pendant la nuit. De même, lancez une lessive complète dans votre machine à laver pendant cette période.

Recharge des appareils électroniques : Profitez des heures creuses pour recharger vos appareils électroniques tels que les smartphones, tablettes, et ordinateurs portables. Branchez-les sur secteur pendant la nuit pour qu'ils soient prêts à être utilisés le

60 Façons de faire des économies au quotidien.

lendemain, sans avoir à consommer de l'électricité pendant les heures de pointe.

Chauffage électrique : Si vous disposez d'un système de chauffage électrique, programmez-le pour qu'il fonctionne davantage pendant les heures creuses, notamment pendant la nuit lorsque les tarifs sont plus avantageux. Cela peut contribuer à réduire vos dépenses de chauffage tout en maintenant le confort thermique de votre domicile.

Utilisation d'appareils de divertissement : Si vous avez des appareils électroniques comme la télévision, les consoles de jeu, ou les ordinateurs, évitez de les laisser en veille pendant la journée. Éteignez-les complètement ou débranchez-les lorsqu'ils ne sont pas utilisés. En les utilisant principalement pendant les heures creuses, vous pouvez réduire leur impact sur votre facture d'électricité.

Stratégie 10 : Dégivrez vos appareils.

Il est essentiel de maintenir vos appareils électroménagers, tels que le réfrigérateur, le congélateur et le freezer, exempts de givre en excès. Un dépôt excessif de givre peut entraîner une augmentation de la consommation d'énergie de ces appareils.

60 Façons de faire des économies au quotidien.

Selon les recommandations d'EDF, il est conseillé de dégivrer vos appareils dès que le givre atteint une épaisseur de 2 à 3 millimètres. Cette action permet d'optimiser leur efficacité énergétique et de réduire leur consommation électrique. En nettoyant également les grilles situées à l'arrière de vos appareils, vous favorisez leur bon fonctionnement sans pour autant augmenter leur consommation énergétique. Un entretien régulier de ces appareils permet non seulement des économies d'énergie, mais aussi d'éviter la surconsommation.

Stratégie 11 : Vérifiez fréquemment vos joints.

Il est crucial de vérifier périodiquement les joints de vos appareils pour éviter une surconsommation énergétique. En assurant l'étanchéité du four, par exemple, vous pouvez prévenir une surconsommation qui pourrait se refléter sur vos factures d'électricité.

Pour illustrer ce point, prenons l'exemple d'un four réglé à une température de 200 degrés. À l'intérieur du four, un capteur surveille la température et signale lorsqu'elle atteint les 200 degrés. Imaginons maintenant qu'en raison d'un problème d'étanchéité, le four perd plusieurs degrés de chaleur. Pour maintenir une température de 200 degrés, le four devra alors

60 Façons de faire des économies au quotidien.

consommer davantage d'énergie. De plus, il mettra plus de temps à atteindre la température désirée, ce qui entraînera une consommation d'énergie supplémentaire.

Ainsi, en vérifiant régulièrement les joints et l'étanchéité de vos appareils, vous réalisez des économies d'énergie et, par conséquent, d'argent. De plus, en prenant soin de vos appareils, vous prolongez leur durée de vie, ce qui vous évite de devoir en racheter fréquemment, ce qui représente encore une autre économie financière.

Pour vous donnez une idée, voici la liste des appareils que vous pouvez vérifiez :

Réfrigérateur et congélateur : Assurez-vous que les joints autour des portes sont intacts et hermétiques. Des joints usés ou mal ajustés peuvent entraîner des fuites de froid, ce qui oblige le compresseur à travailler plus fort pour maintenir la température intérieure. Cela peut entraîner une surconsommation d'énergie. De plus, dégivrez régulièrement les compartiments pour éviter l'accumulation de givre, ce qui peut également augmenter la consommation d'énergie.

Lave-vaisselle : Vérifiez les joints autour de la porte pour vous assurer qu'ils sont en bon état. Les fuites d'eau peuvent non

60 Façons de faire des économies au quotidien.

seulement gaspiller de l'eau, mais aussi contraindre le lave-vaisselle à fonctionner plus longtemps pour atteindre les résultats de lavage souhaités. Nettoyez également régulièrement les filtres pour maintenir l'efficacité du lave-vaisselle.

Lave-linge : Contrôlez les joints du hublot pour éviter les fuites d'eau pendant le cycle de lavage. Les fuites peuvent entraîner une augmentation de la consommation d'eau et d'énergie. En outre, utilisez les réglages appropriés en fonction de la charge de lessive pour optimiser l'efficacité énergétique.

Climatiseurs et chauffages : Assurez-vous que les joints autour des fenêtres et des portes sont bien scellés pour éviter les pertes d'air chaud ou froid. Utilisez des coupe-froids ou des calfeutrages si nécessaire pour améliorer l'isolation thermique de votre maison.

Stratégie 12 : Purger ses radiateurs.

Purger vos radiateurs régulièrement est une étape essentielle pour maintenir l'efficacité de votre système de chauffage et éviter une surconsommation énergétique. Lorsque des bulles d'air s'accumulent à l'intérieur des radiateurs, elles créent des obstructions dans le circuit de chauffage. Ces bulles d'air entravent la circulation de l'eau chaude, réduisant ainsi la capacité

60 Façons de faire des économies au quotidien.

des radiateurs à diffuser la chaleur de manière efficace dans votre maison.

Lorsque les radiateurs ne fonctionnent pas correctement en raison de l'accumulation d'air, ils doivent travailler plus fort pour maintenir la température ambiante désirée. Cela signifie qu'ils consomment plus d'énergie pour fournir le même niveau de chaleur, ce qui se traduit par une augmentation de votre facture d'électricité ou de gaz. En purgeant régulièrement vos radiateurs, vous éliminez ces bulles d'air, permettant à l'eau chaude de circuler librement à travers le système de chauffage.

En plus de réduire votre consommation énergétique, la purge régulière des radiateurs peut également prolonger leur durée de vie et éviter des réparations coûteuses. En veillant à ce que votre système de chauffage fonctionne efficacement, vous économisez de l'argent à long terme tout en maintenant un niveau de confort optimal dans votre maison.

Stratégie 13 : Multiplier les couches.

Nous poursuivons avec un conseil classique pour économiser de l'énergie en hiver : optez pour des vêtements chauds plutôt que de trop solliciter le radiateur. En ajoutant des couches

60 Façons de faire des économies au quotidien.

supplémentaires, comme des pulls ou des couvertures, vous pouvez maintenir une chaleur confortable sans avoir à augmenter la température de votre chauffage central.

Par exemple, vous pouvez placer une couverture supplémentaire sous votre drap pour créer une barrière isolante entre votre corps et le sol, puis utiliser un plaid par-dessus votre couette pour emprisonner la chaleur corporelle. Personnellement, j'ai adopté cette pratique depuis trois hivers maintenant et je n'ai plus eu besoin d'allumer mon radiateur pendant la nuit.

Un autre conseil que j'expérimente (mais que je ne recommande pas nécessairement à tous, en fonction de votre santé) consiste à habituer progressivement votre corps à supporter le froid. L'hiver dernier, par exemple, lors de mes promenades avec mon chien par des températures de -2 ou -3 degrés Celsius, je sortais simplement en pull, sans manteau ni autre protection. Les premiers jours ont été un peu difficiles, mais avec le temps, mon corps semblait s'adapter au froid. J'ai testé cette approche après avoir lu un article sur une loi scientifique, en résumé :

"Tout organisme se renforce lorsque celui ci est soumis à un stress court et répété."

60 Façons de faire des économies au quotidien.

Grâce à cette méthode, même durant les périodes les plus froides de l'hiver, je supportais bien les températures basses. Je tiens à le souligner à nouveau : ne l'appliquez que si vous avez confiance en votre capacité à le supporter, et de préférence de manière progressive. Cependant, une fois adoptée, cette approche vous libérera des tracas liés au froid à la maison, vous permettant ainsi de réduire votre chauffage et de réaliser des économies substantielles. Depuis que je l'ai mise en pratique, j'ai rarement eu besoin d'allumer le chauffage dans ma chambre, voire pas du tout.

Quant à l'utilisation de plusieurs couvertures, j'adhère également à cette recommandation. Cependant, il faut nuancer un aspect : le moment où vous devez quitter votre lit. Passer d'un cocon chaud et douillet à une pièce à 15 degrés Celsius, voire moins, peut être désagréable, surtout si vous n'êtes pas habitué. Même pour les habitués, cette transition peut être quelque peu rude. Cependant, l'avantage est que dès que vous quittez le lit, vous êtes aussi alerte que si vous aviez pris un café.

Stratégie 14 : Ne cachez pas vos radiateurs.

Il est conseillé de ne rien placer sur les radiateurs. Lorsque des objets sont posés dessus, cela entrave la diffusion de la chaleur de manière optimale. Il est donc préférable d'éviter de les recouvrir

60 Façons de faire des économies au quotidien.

ou d'y poser des objets autant que possible. Essayez de maintenir l'espace devant les radiateurs dégagé.

Pour illustrer cette recommandation, je vais partager une petite anecdote. Un hiver, ma mère m'a fait part de son ressenti concernant le froid à l'étage de la maison, précisant que le seul radiateur en fonctionnement était celui de la chambre de mon frère. Intrigué, je me suis rendu dans sa chambre et j'ai constaté une chaleur confortable à l'intérieur. En m'approchant du radiateur, j'ai remarqué qu'il était brûlant. Cependant, j'ai rapidement identifié un problème : il y avait une grande disparité entre la chaleur de la chambre et celle du radiateur.

En réfléchissant à cette situation, je me suis assis sur le bureau situé en face du radiateur, dans la chambre de mon frère. C'est alors que j'ai compris la source du déséquilibre thermique. Pendant des semaines, voire des mois, le radiateur avait chauffé excessivement le bureau en face de lui, diffusant ainsi de la chaleur dans la pièce.

J'ai alors pris la décision de déplacer le bureau à côté du radiateur, plutôt que devant. À ma grande surprise, cette simple action a entraîné une nette amélioration : la température de la pièce est devenue presque étouffante, nous obligeant à réduire le chauffage.

60 Façons de faire des économies au quotidien.

Stratégie 15 : Prenez soin de votre frigo.

Voici quelques autres astuces pour réduire votre consommation électrique. Évitez de placer des plats chauds directement dans le réfrigérateur. En effet, cela contraint le réfrigérateur à utiliser davantage d'énergie pour retrouver sa température normale. Lorsque vous devez réfrigérer des aliments chauds, patientez quelques instants afin qu'ils refroidissent un peu avant de les placer à l'intérieur du réfrigérateur. Cela permettra de réduire la surconsommation énergétique de votre appareil.

Stratégie 16, quand on parle cuisson, "la taille compte"

Abordons maintenant le sujet des plaques chauffantes, où plusieurs techniques peuvent être employées pour éviter les problèmes de surconsommation. Une stratégie efficace consiste à utiliser des ustensiles de la taille appropriée pour la quantité de nourriture que vous préparez. Pour illustrer cela, prenons un exemple simple : tout le monde sait que plus une surface est petite, plus elle chauffe rapidement. C'est un peu comme mettre un verre d'eau au soleil : il se réchauffera bien plus vite qu'une piscine située juste à côté. Par conséquent, plus le volume de la casserole ou de la poêle est important, plus il faudra de temps pour que celle-ci chauffe vos aliments. Il est donc judicieux

60 Façons de faire des économies au quotidien.

d'adapter vos ustensiles à vos besoins autant que possible. Par exemple, si vous faites cuire du riz ou des pâtes, privilégiez l'utilisation de petites casseroles pour une chauffe plus rapide et une consommation énergétique réduite.

Je recommande également de consulter le site d'EDF sur les écogestes, qui m'a été d'une grande aide dans la rédaction de cette partie. J'ai choisi de ne pas surcharger de conseils dans cet article, mais plutôt de sélectionner les plus pertinents. Cependant, si vous êtes curieux ou souhaitez découvrir d'autres moyens de réduire votre consommation d'électricité, je vous encourage vivement à explorer leur site. Vous y trouverez une multitude d'astuces qui, mises bout à bout, contribueront significativement à diminuer votre consommation électrique.

Avant de passer au manière d'investir dans l'électricité, voici une liste de conseils supplémentaires pour économiser :

- Remplacer les ampoules traditionnelles par des ampoules LED.
- Utiliser des minuteurs pour éteindre automatiquement les appareils électroniques.
- Installer des détecteurs de mouvement pour contrôler l'éclairage dans les pièces peu fréquentées.

60 Façons de faire des économies au quotidien.

- Opter pour des appareils électroménagers à faible consommation énergétique avec une étiquette énergétique A++ ou A+++.
- Utiliser des rideaux épais pour isoler les fenêtres et réduire la perte de chaleur en hiver.
- Nettoyer régulièrement les filtres de votre climatiseur ou de votre système de chauffage pour améliorer leur efficacité.
- Éteindre complètement les appareils au lieu de les laisser en veille.
- Utiliser un programmateur pour contrôler les heures de fonctionnement de votre chauffage.
- Utiliser des appareils de cuisine écoénergétiques comme les cocottes-minute pour réduire le temps de cuisson.
- Faire sécher le linge à l'air libre plutôt que d'utiliser un sèche-linge lorsque c'est possible.
- Utilisez des multiprises avec interrupteur pour éteindre complètement les appareils en veille.
- Remplacez les vieux appareils par des modèles plus écoénergétiques.
- Faites attention à la surcharge des prises électriques en utilisant des rallonges avec prudence.
- Installez des thermostats programmables pour contrôler la température de votre maison de manière plus efficace.
- Réglez la température de votre chauffe-eau à 60°C pour éviter le gaspillage d'énergie.

60 Façons de faire des économies au quotidien.

- Utilisez des lampes de bureau à LED pour un éclairage plus écoénergétique.
- Utilisez des couvercles sur les casseroles lors de la cuisson pour réduire le temps de cuisson et économiser de l'énergie.
- Débranchez les chargeurs d'appareils électroniques une fois qu'ils sont complètement chargés.
- Utilisez des ventilateurs de plafond pour maintenir une température plus uniforme dans la maison et réduire la dépendance à la climatisation.
- Installez des fenêtres à double vitrage pour une meilleure isolation et une réduction de la perte de chaleur.
- Optez pour des appareils électroménagers avec des cycles de lavage rapides et des options d'économie d'énergie.

60 Façons de faire des économies au quotidien.

Investir dans l'électricité ?

Pour réduire votre consommation d'électricité et économiser de l'argent, examinons quelques achats judicieux que vous pouvez envisager, similaires à ceux que nous avons évoqués pour l'eau.

Tout d'abord, envisagez de réparer le matériel que vous possédez déjà plutôt que de le remplacer. Comme nous l'avons déjà mentionné, des appareils mal entretenus ou endommagés entraînent souvent une surconsommation d'énergie, que ce soit directement ou indirectement. Par exemple, un aspirateur qui fonctionne mal nécessite plus de temps pour effectuer la même tâche, entraînant une consommation accrue d'électricité. Investir dans la réparation de vos appareils existants peut être un premier pas important, bien que cela puisse nécessiter à la fois du temps et de l'argent.

Ensuite, l'achat de multiprises avec des interrupteurs peut être une solution pratique. Ces dispositifs vous permettent d'éteindre plusieurs appareils en veille en un seul clic, ce qui vous fait gagner du temps et vous assure que les appareils inutilisés ne consomment pas inutilement de l'électricité.

60 Façons de faire des économies au quotidien.

Dans le même ordre d'idées pour réduire votre consommation électrique, pensez à remplacer vos ampoules traditionnelles par des ampoules LED. Ces dernières offrent un éclairage plus efficace, ont une durée de vie plus longue et consomment moins d'énergie, ce qui contribue à réduire votre empreinte énergétique et à économiser de l'argent à long terme.

Ensuite, parlons des solutions alternatives et économiques, souvent qualifiées d'achats régressifs ou d'ersatz.

Si le chauffage représente un poste de dépense conséquent, une astuce intéressante consiste à utiliser un pot en terre cuite comme chauffage d'appoint. Il suffit de percer un trou au-dessus du pot et de placer une bougie en dessous. La chaleur dégagée par la bougie est absorbée par le pot en terre cuite, qui la diffuse ensuite dans la pièce. Bien que cette méthode ne produise pas une montée en température spectaculaire, elle peut fournir une source de chaleur agréable à proximité, par exemple si vous la placez sur votre bureau.

Une autre option est d'opter pour de petites lampes de camping pour éclairer les pièces nécessitant peu de lumière. Certaines de ces lampes sont assez lumineuses, peu énergivores et équipées de

60 Façons de faire des économies au quotidien.

dispositifs aimantés, ce qui vous permet de les fixer facilement à divers endroits dans votre maison.

Pour ceux soucieux de leur empreinte écologique et cherchant à réduire leurs coûts énergétiques, l'achat d'un chauffe-eau solaire peut être une solution intéressante. Bien qu'il ne soit pas efficace en plein hiver, durant les mois chauds ou en été, il vous suffit de remplir le ballon d'eau, de le laisser à l'extérieur pendant la journée pour qu'il se réchauffe naturellement grâce au soleil, et vous disposerez ainsi d'eau chaude sans avoir à payer pour la chauffer.

Si vos appareils électroménagers commencent à montrer des signes de vieillissement et que vous envisagez de les remplacer, pensez à investir dans des appareils électriques basse consommation. Ces informations sont généralement facilement accessibles lors de l'achat d'un nouvel appareil. En magasin, vous pouvez consulter une étiquette indiquant la consommation d'énergie de l'appareil ainsi que ses performances.

Une autre astuce consiste à utiliser une bouilloire électrique pour chauffer l'eau, puis à la verser directement dans la casserole lorsque vous cuisinez. Cela permet d'économiser un peu d'énergie à chaque utilisation.

60 Façons de faire des économies au quotidien.

Pour limiter l'utilisation du chauffage, investissez dans des vêtements chauds tels que des pulls de qualité, des sous-pulls, de bonnes couvertures et assurez-vous d'avoir une bonne isolation dans votre maison.

Utiliser une bouillotte pour réchauffer votre lit sans avoir recours au chauffage est également une solution efficace. De plus, en remplissant la bouillotte avec de l'eau préalablement chauffée à l'énergie solaire, vous pouvez réduire considérablement vos coûts énergétiques.

Si vous avez la possibilité, envisagez de construire votre propre four solaire. Pendant les mois d'été, cela peut vous permettre de ne pas utiliser votre four traditionnel et de cuisiner des aliments ou de chauffer de l'eau de manière écologique. Bien qu'il nécessite des connaissances et des compétences pour être utilisé correctement, un four solaire peut s'avérer très utile une fois maîtrisé.

La fabrication d'un four solaire est relativement simple : il vous suffit de créer un dispositif capable de concentrer les rayons du soleil en un seul point, de manière similaire à l'utilisation d'une loupe pour allumer un feu. Vous trouverez de nombreux tutoriels en ligne pour apprendre à fabriquer votre propre four solaire.

60 Façons de faire des économies au quotidien.

Si construire votre propre four solaire vous intéresse, voici le titre d'une vidéo plutôt intéressante sur le sujet (au passage, je vous recommande une grande partie de sa chaîne, elle est plutôt qualitative) :
TUTO : FAIRE UN FOUR SOLAIRE SUPER EFFICACE

En plus du dispositif qui agit comme une loupe, vous aurez également besoin d'un cadre en bois capable de s'incliner et de pivoter. Vous pouvez le construire entièrement vous-même à partir de matériaux de récupération. Cependant, il est essentiel de faire preuve de prudence, car un four solaire peut être extrêmement puissant et, s'il est mal orienté, il peut provoquer des incendies.

Si vous préférez, vous pouvez également acheter des fours solaires déjà fabriqués, mais cela représentera un investissement financier. Avec un four solaire, vous pourrez allumer des feux, cuisiner des aliments ou chauffer de l'eau, voire même faire du travail du bois en le chauffant.

Investir dans des miroirs est une autre option intéressante. Un miroir bien placé dans une pièce peut augmenter naturellement la luminosité sans avoir à recourir à l'éclairage artificiel pendant la journée. Le soir, cela vous permettra également de retarder l'allumage des lumières. Assurez-vous que le miroir soit

60 Façons de faire des économies au quotidien.

positionné de manière à capturer les rayons du soleil et à les renvoyer vers l'endroit désiré.

L'achat de tapis pour isoler vos pièces est également judicieux si vous ne pouvez pas vous permettre d'investir dans une isolation coûteuse. Les "boudins" de porte sont des pièces de tissu que vous placez devant une porte pour bloquer les courants d'air et les fuites de chaleur. De même, les "boudins" de fenêtre sont une solution similaire pour éviter les courants d'air au niveau des fenêtres.

Investir dans des tapis peut également être une solution efficace. Comme nous le savons, la chaleur a tendance à monter. En plaçant des tapis sous les endroits où vous êtes le plus souvent, vous pouvez isoler une pièce à moindre coût. Cela empêchera le sol de se refroidir, réduisant ainsi la perte de chaleur dans la pièce et vous offrant une certaine protection contre le froid.

Si vous parvenez à bloquer les courants d'air provenant de vos fenêtres, à réduire les pertes de chaleur par votre porte, et à limiter les pertes de chaleur par le sol, vous pourrez gagner quelques degrés supplémentaires chaque hiver.

Pendant les mois d'été, vous pouvez retirer ces installations pour rafraîchir vos pièces. Il est donc clair que pour réduire la

60 Façons de faire des économies au quotidien.

consommation d'électricité et réaliser d'importantes économies, il est souvent nécessaire de revenir à des solutions moins technologiques ou d'opter pour des appareils basse consommation.

Enfin, l'isolation de votre maison est un investissement à considérer. Une mauvaise isolation entraîne des pertes de chaleur, ce qui nécessite une utilisation accrue de l'énergie pour maintenir une température confortable, ce qui se traduit par des dépenses plus élevées. En améliorant l'isolation de votre maison, vous pouvez réduire l'utilisation de la climatisation en été et du chauffage en hiver. Cependant, cela implique des travaux et peut être coûteux, surtout si vous débutez dans votre démarche d'économie d'énergie.

Investir dans des tapis peut également être une solution efficace. Comme nous le savons, la chaleur a tendance à monter. En plaçant des tapis sous les endroits où vous êtes le plus souvent, vous pouvez isoler une pièce à moindre coût. Cela empêchera le sol de se refroidir, réduisant ainsi la perte de chaleur dans la pièce et vous offrant une certaine protection contre le froid.

Si vous parvenez à bloquer les courants d'air provenant de vos fenêtres, à réduire les pertes de chaleur par votre porte, et à

60 Façons de faire des économies au quotidien.

limiter les pertes de chaleur par le sol, vous pourrez gagner quelques degrés supplémentaires chaque hiver.

Pendant les mois d'été, vous pouvez retirer ces installations pour rafraîchir vos pièces. Il est donc clair que pour réduire la consommation d'électricité et réaliser d'importantes économies, il est souvent nécessaire de revenir à des solutions moins technologiques ou d'opter pour des appareils basse consommation.

Enfin, l'isolation de votre maison est un investissement à considérer. Une mauvaise isolation entraîne des pertes de chaleur, ce qui nécessite une utilisation accrue de l'énergie pour maintenir une température confortable, ce qui se traduit par des dépenses plus élevées. En améliorant l'isolation de votre maison, vous pouvez réduire l'utilisation de la climatisation en été et du chauffage en hiver. Cependant, cela implique des travaux et peut être coûteux, surtout si vous débutez dans votre démarche d'économie d'énergie.

60 Façons de faire des économies au quotidien.

Ensuite, comment gagner de l'argent avec l'électricité ?

Vous avez la possibilité de rentabiliser votre investissement dans l'électricité en produisant votre propre énergie. Plusieurs options s'offrent à vous à cet égard.

Tout d'abord, vous pouvez acheter des panneaux solaires. Il existe trois types sur le marché. Les panneaux solaires portables sont légers, pesant généralement moins de 2 kilos, et sont idéaux pour charger des appareils tels que des téléphones ou des tablettes via USB. Bien que ces panneaux soient parfaits pour débuter et adopter de bonnes habitudes, ils ont une capacité limitée et peuvent rapidement montrer leurs limites. Leur coût varie généralement entre une cinquantaine et une centaine d'euros.

Ensuite, vous avez les panneaux solaires portables qui sont plus grands et plus puissants. Ils peuvent recharger des appareils plus gourmands en énergie tels que des ordinateurs portables, mais ils sont plus encombrants et leur utilisation pour alimenter une maison entière peut être complexe en raison de leur taille et de leur poids.

Prenons un exemple pour mieux comprendre la rentabilité de ces panneaux solaires. En moyenne, la charge d'un téléphone tous les jours coûte environ 5 euros par an. En ajoutant une tablette, une

60 Façons de faire des économies au quotidien.

batterie externe et d'autres appareils, le coût annuel peut atteindre jusqu'à 20 euros. Donc, si vous optez pour un panneau solaire qui coûte 90 euros, il faudra environ 5 ans pour amortir cet investissement, en tenant compte des économies réalisées sur votre facture d'électricité. Cependant, il est important de noter que ces calculs sont basés sur une utilisation régulière et constante du panneau solaire, ce qui peut ne pas toujours être le cas. Il est donc essentiel de bien évaluer vos besoins et vos attentes avant de prendre une décision d'achat.

Je n'ai pas acheté des panneaux solaires pour économiser de l'argent, mais pour gagner en liberté et réduire le stress. Désormais, je n'ai plus à m'inquiéter lorsque je pars en balade, car tant qu'il y a du soleil, je suis assuré d'avoir de quoi recharger mes appareils. Cela me permet de profiter pleinement de mes sorties en toute sérénité, sans me soucier de l'autonomie de mes appareils.

Concernant les panneaux solaires portables, il est possible de générer un revenu supplémentaire en vendant de l'électricité à vos proches. Bien que cela ne soit pas garanti, passer des panneaux portables aux panneaux fixes offre une capacité de production accrue, ce qui vous permet de couvrir vos propres besoins en électricité ainsi qu'une partie de ceux des autres. Pour déterminer la rentabilité de l'achat de panneaux solaires, il est nécessaire de

60 Façons de faire des économies au quotidien.

calculer le coût d'acquisition des panneaux, moins les revenus que vous pourriez tirer de la vente d'électricité, ainsi que les économies réalisées grâce à leur utilisation.

Ensuite, il y a les panneaux solaires statiques, conçus pour être installés de manière permanente, généralement sur un toit. Ces panneaux sont les plus grands et offrent les rendements les plus élevés. Selon vos besoins en électricité, vous pouvez alimenter l'ensemble de votre maison voire revendre le surplus au fournisseur d'électricité. Par exemple, EDF peut racheter l'électricité excédentaire produite par vos panneaux solaires.

Avant d'investir dans des panneaux solaires, il est crucial de faire une analyse approfondie des coûts et des bénéfices potentiels. Vous devez prendre en compte le coût initial d'achat ainsi que les frais d'entretien, et de l'autre côté, évaluer les économies réalisées grâce à leur utilisation et les revenus issus de la revente d'électricité. Si l'évaluation démontre que l'investissement est avantageux, alors vous pouvez envisager de passer à l'action. Cependant, si les calculs démontrent le contraire, il est préférable de s'abstenir.

Il est essentiel de prendre en considération plusieurs facteurs, tels que le nombre de jours d'ensoleillement dans votre région, l'inclinaison de votre toit (qui influencera la quantité d'électricité

60 Façons de faire des économies au quotidien.

produite), la perte de puissance annuelle des panneaux (environ 3% par an), ainsi que d'autres variables. Parfois, sur le papier, l'installation de panneaux solaires peut sembler être une bonne affaire, mais en pratique, cela peut se révéler être un désastre financier.

En ce qui concerne les petits panneaux solaires, il est important de noter que l'achat d'une powerbank est également nécessaire. Une powerbank, ou batterie externe, permet de stocker l'énergie captée par les panneaux solaires et de la restituer ultérieurement. Étant donné que les petits panneaux solaires ne disposent généralement pas de mécanismes de stockage intégrés, l'ajout d'une powerbank à votre système est indispensable pour une utilisation optimale.

Cependant, si vous possédez déjà les deux équipements, c'est une excellente affaire, car avec un peu d'ingéniosité, vous pouvez presque vous passer de recharger votre téléphone sur secteur.

En plus des panneaux solaires, il y a aussi les éoliennes, qui sont vraiment intéressantes. Si vous êtes bricoleur, vous pouvez réaliser toute la partie mécanique vous-même grâce à de nombreux tutoriels disponibles sur internet. Cependant, l'acquisition des pièces électriques nécessaires est souvent inévitable. Vous devrez acheter un alternateur (il existe également

60 Façons de faire des économies au quotidien.

des tutoriels sur YouTube pour sa construction, mais c'est assez complexe), des câbles et une batterie pour stocker et restituer l'énergie selon vos besoins.

Le principal inconvénient des deux moyens de production électrique que j'ai mentionnés est leur caractère intermittent. En effet, lorsque le soleil est insuffisant ou qu'il fait nuit, les panneaux solaires ne produisent pas, tandis que les éoliennes ne tournent pas en l'absence de vent.

Malgré cela, je recommande vivement la construction de votre propre éolienne si vous en avez les moyens et la possibilité. Non seulement cela constituera une expérience enrichissante, nécessitant un travail qui peut être réalisé en famille ou entre amis, mais en plus, selon les matériaux disponibles, vous pourriez être rentable dès la première recharge. De plus, si vous en prenez soin, elle peut vous durer longtemps.

Cependant, si vous préférez gagner du temps, vous pouvez toujours opter pour un achat prêt à l'emploi. Cependant, les prix peuvent rapidement grimper en flèche. Lors de mes recherches, j'ai vu certains modèles dépasser les 3 000 euros ! Ce n'est pas nécessairement l'investissement le plus rentable.

60 Façons de faire des économies au quotidien.

En revanche, une éolienne fabriquée maison peut démarrer à 0 euros (si vous disposez déjà de tous les éléments nécessaires) et peut atteindre en moyenne 200 euros si vous devez acheter toutes les pièces.

Pour terminer dans la catégorie de la production d'électricité domestique, vous avez également la possibilité de fabriquer des vélos (ou des dispositifs similaires) qui génèrent de l'électricité. C'est idéal si vous voulez faire de l'exercice, mais cela prend du temps à mettre en place et ne rapporte pas énormément. En faisant du vélo pendant une heure par jour et en produisant de l'électricité, vous pourriez économiser quelques euros par an (moins de 10 euros).

Par ailleurs, il existe également des hydroliennes que vous pouvez fabriquer vous-même, mais comme pour les éoliennes, cela nécessite du matériel et une batterie pour stocker l'électricité. Il est également important de noter que dans le cas des hydroliennes, un cours d'eau est nécessaire pour les activer.

L'avantage d'une hydrolienne réside dans sa constance : une fois installée, elle tournera pratiquement en continu, à moins qu'il y ait une sécheresse ou un gel extrême. Contrairement à une éolienne, dont la production peut fluctuer en fonction de la force du vent, le

60 Façons de faire des économies au quotidien.

débit d'une rivière reste relativement constant tout au long de la journée.

Il est important de retenir que pour réaliser des économies, des connaissances techniques et un esprit ingénieux peuvent vous permettre d'accomplir des prouesses.

Passons donc maintenant à la dernière des factures : le gaz.

60 Façons de faire des économies au quotidien.

Le Gaz.

En dernier dans notre liste des factures liées à la consommation d'énergie, nous avons le gaz. Cette position est justifiée par le fait que dans de nombreux foyers aujourd'hui, le gaz est de moins en moins utilisé.

Le gaz est principalement utilisé dans les foyers pour le chauffage, la cuisson des aliments grâce aux fours à gaz, le chauffage de l'eau et la cuisson. La quantité de gaz consommée dépend de la taille de la maison (tout comme pour l'électricité et l'eau). Pour une maison de 70 m², la consommation est estimée à environ 8300 kWh par an, soit environ 22,7 kWh par jour et par foyer. Cela représente une dépense considérable sur le long terme : sur 10 ans, cela équivaut à l'achat d'une voiture, et sur toute une vie, cela peut dépasser les 70 000 euros, presque le prix d'un appartement.

Examinons maintenant comment réduire votre consommation de gaz au quotidien !

Stratégie 17, on prend les mêmes et on recommence.

Tout comme pour l'électricité, le chauffage au gaz consomme énormément, donc les mêmes conseils s'appliquent : purger régulièrement vos radiateurs, ne pas les couvrir, les dépoussiérer

60 Façons de faire des économies au quotidien.

fréquemment pour éviter une surconsommation excessive. Dans le cas du chauffage au gaz, ces conseils revêtent une importance encore plus grande, car le chauffage représente en moyenne 54 % de la consommation totale de gaz d'un foyer. Ainsi, contrairement à l'électricité où l'on peut parfois se permettre d'être négligent, il devient vital de ne plus l'être pour le gaz, car la négligence peut entraîner une dépense supplémentaire d'environ une centaine d'euros par an.

Stratégie 18, baissez la température.

Vous pouvez également réduire votre chauffage d'1 ou de 2 degrés. Bien que cela puisse être moins confortable, cette diminution peut vous permettre de réduire vos factures de gaz de 7 à 10 % par an. Cela équivaut à une économie de 84 à 120 euros sur une facture annuelle de 1200 euros. Il est à noter qu'il est humainement possible de dormir dans une chambre à 12 degrés, bien que cela puisse être inconfortable. J'ai moi-même vécu cette expérience cet hiver. L'essentiel est de gérer au mieux l'isolation de la pièce pour conserver la chaleur autant que possible. Cela peut nécessiter l'utilisation de couvertures supplémentaires, de vêtements chauds et éventuellement d'un chauffage d'appoint. L'objectif est de maintenir une température qui, bien que fraîche, reste tolérable pour le sommeil.

60 Façons de faire des économies au quotidien.

Selon plusieurs études, une température considérée comme adéquate varie selon chaque pièce :

- 16 degrés dans une chambre. Une température fraîche à tiède favorise un sommeil de qualité.
- 18 degrés dans les pièces de vie telles que le salon ou la salle à manger.
- 22 degrés dans la salle de bain lorsqu'elle est utilisée, et 17 degrés lorsqu'elle est inoccupée.
- 14 degrés dans les pièces rarement utilisées telles que la cave, les celliers, le garage ou le grenier. Il est déconseillé de stocker des affaires dans des lieux trop chauds ou trop froids.

Ensuite, les conseils qui s'appliquaient pour les appareils de chauffage électrique sont également valables ici. Il est important d'entretenir régulièrement ses appareils, d'optimiser leur utilisation et de les éteindre lorsque cela est possible.

Stratégie 19 : Parlez avec vos fournisseurs.

Ensuite, vous devez vous renseigner sur vos fournisseurs, examiner combien ils vous coûtent et évaluer s'ils conviennent à vos besoins tout en vérifiant si vous ne payez pas trop cher. En

60 Façons de faire des économies au quotidien.

fonction des réponses aux questions que vous vous posez, vous pourrez envisager plusieurs options :
- Changer de fournisseur si vous trouvez une offre plus avantageuse ailleurs.
- Contacter votre fournisseur actuel pour discuter des possibilités de réduction de votre facture, comme la modification de votre offre.
- Si vous êtes convaincu que votre offre actuelle est la meilleure pour vous, alors vous n'avez rien à faire. Cependant, si vous n'avez pas comparé avec d'autres fournisseurs au moment de souscrire à votre contrat, il est peu probable que cette dernière option soit la plus avantageuse. Il est donc recommandé de toujours vérifier vos contrats lorsque vous avez des doutes.

Stratégie 20 : Diminuer sa consommation d'eau chaude.

En réduisant sa consommation d'eau chaude, on peut également réduire sa facture de gaz. En effet, la consommation d'eau chaude représente en moyenne 15 % du montant total d'une facture de gaz, ce qui en fait un aspect important à prendre en compte.

Ainsi, privilégier les douches aux bains permet de consommer moins d'eau et donc moins d'eau chaude. Cette mesure est particulièrement efficace car les bains entraînent une utilisation plus importante d'eau chaude. De plus, il est courant que les gens fassent couler de l'eau chaude pendant un certain temps avant de prendre leur bain, ce qui augmente encore davantage la consommation d'eau chaude et sollicite davantage la chaudière.

En outre, des gestes simples comme se laver les mains à l'eau froide, se brosser les dents à l'eau froide et limiter l'utilisation d'eau chaude autant que possible contribuent également à réduire la consommation de gaz.

Globalement, l'utilisation du gaz est principalement liée au chauffage et à la production d'eau chaude. Il s'agit donc d'éviter de chauffer inutilement des éléments ou d'optimiser l'utilisation du gaz pour réaliser des économies. Bien que les astuces spécifiques pour économiser le gaz soient moins nombreuses que pour l'électricité, bon nombre d'entre elles ont déjà été abordées dans la section précédente consacrée à l'électricité. Ainsi, nous pouvons passer directement à la partie suivante : l'investissement.

60 Façons de faire des économies au quotidien.

Investir dans le gaz ?

Pour réduire vos dépenses liées au gaz, vous pouvez effectuer les mêmes investissements que ceux recommandés pour l'électricité, tels qu'une bouilloire, un couvercle de casserole, une cocotte-minute, des vêtements chauds, et tout ce qui permet de produire de la chaleur de manière économique.

Cependant, une option supplémentaire à considérer est de passer à l'électricité. Avec les prix du gaz en constante augmentation, il est crucial de réfléchir sérieusement à cette transition. En effet, il est probable que les prix du gaz continuent à augmenter, voire même qu'une pénurie se manifeste, en raison du contexte géopolitique et des sources d'approvisionnement en gaz. Ainsi, investir dans des alternatives au gaz peut être judicieux à long terme, pour éviter d'être impacté par ces augmentations.

Bien que le passage à l'électricité puisse sembler complexe et nécessiter des ajustements, il peut s'avérer être l'un des investissements les plus rentables en termes d'économies à court et à long terme.

En résumé, nous avons examiné les trois principales dépenses énergétiques auxquelles chacun est confronté en France, ainsi que les moyens de les réduire et de générer des économies grâce à des investissements judicieux. Un dernier conseil important :

60 Façons de faire des économies au quotidien.

renseignez-vous sur votre matériel et votre consommation, et gardez une trace de ces informations pour mieux gérer vos dépenses énergétiques.

Pour évaluer l'efficacité des méthodes que vous mettez en œuvre pour réduire votre consommation d'eau, d'électricité ou de gaz, il est judicieux de réaliser un suivi régulier.

Tout comme le bilan, la tenue de ce suivi est une pratique bénéfique. Elle vous permet de documenter vos actions et d'observer l'évolution de votre situation. Grâce à cela, vous pourrez ajuster vos stratégies, ralentir le rythme si nécessaire, ou changer de cap si certaines approches ne donnent pas les résultats escomptés. Ce processus vous offre également la possibilité de constater les progrès réalisés, ce qui peut raviver votre motivation, surtout lors de périodes où vous avez l'impression de stagner.

Ce conseil est également valable pour d'autres aspects de votre vie. Prenez des notes sur votre situation initiale, documentez votre progression et notez les objectifs que vous atteignez. Lorsque vous douterez de l'efficacité de vos efforts ou que vous vous sentirez découragé, relisez vos notes pour vous rappeler d'où vous êtes parti et de tout ce que vous avez accompli jusqu'à présent.

60 Façons de faire des économies au quotidien.

Si vous ne savez pas par où commencer, voici un exemple de ce que vous pouvez noter :

J'ai X euros sur mon compte à la fin du mois.
J'ai X euros d'avance en épargne en cas de coup dur, ce qui correspond à X mois de dépenses si je perds ma source de revenu.
Chaque mois, j'ai X facture que je répartis comme suit : X,X,X.
J'ai X rentrée d'argent, ce qui fait une somme totale de X euros chaque mois.

60 Façons de faire des économies au quotidien.

Maintenant, nous allons aborder les économies que nous pouvons réaliser chez nous. Dans cette section, je vais présenter de nombreuses idées qui peuvent sembler variées, mais qui sont toutes susceptibles de vous aider à économiser de l'argent.

Stratégie 21 : Rangez votre maison.

Pour commencer, envisagez de ranger régulièrement votre maison. Ce conseil peut sembler anodin, mais permettez-moi de l'expliquer. Prenons un exemple : vous êtes chez vous et vous cherchez un outil. Si votre maison n'est pas bien rangée, vous avez deux options : soit vous perdez un temps précieux à le retrouver, soit vous craquez et achetez à nouveau quelque chose que vous possédez déjà, ce qui entraîne une perte d'argent.

En maintenant un environnement rangé, vous évitez non seulement de perdre du temps, mais également de perdre des objets ou de devoir les racheter parce qu'ils se sont abîmés. Cette pratique peut vous permettre d'économiser une dizaine d'euros chaque année. Bien que cela puisse sembler peu, ne sous-estimez pas son deuxième avantage : le gain de temps.

Dans mon livre "Reprendre sa vie en main", je souligne l'importance de gagner du temps. En libérant votre esprit de

60 Façons de faire des économies au quotidien.

l'encombrement mental, vous deviendrez plus efficace sur le plan mental, ce qui vous permettra d'économiser encore plus de temps et de mieux accomplir vos tâches. C'est un cercle vertueux qui peut avoir un impact considérable sur votre vie quotidienne. Une fois que vous vous êtes habitué à cette habitude, vous bénéficierez de nombreux avantages et pourrez consacrer votre temps à des activités plus enrichissantes, telles que l'investissement, l'apprentissage de nouvelles compétences ou même la création d'une entreprise en ligne, ce qui vous permettra d'avoir davantage d'argent et de temps libre.

Il est indéniable que vivre dans un environnement propre et bien rangé présente de nombreux avantages. Cela nous permet non seulement de gagner du temps et d'accroître notre productivité, mais aussi de rester motivés à travailler. En effet, un espace ordonné améliore de nombreux aspects de notre vie, et négliger cette pratique serait une erreur.

Je vous encourage vivement à suivre ce conseil et à structurer davantage votre vie. En adoptant cette approche, vous pourrez non seulement économiser de l'argent, mais aussi bénéficier d'un meilleur bien-être général. Pour approfondir ce sujet, je vous invite à consulter mon livre "Reprendre sa vie en main", disponible sur Amazon. Vous y trouverez des informations complémentaires ainsi que des ressources supplémentaires dans la section "Pour aller plus loin", qui vous aideront à en apprendre davantage sur ce sujet et sur bien d'autres.

Stratégie 22 : Prenez soin de votre maison 2.

Il est primordial de prendre soin de votre maison en la préservant et en l'entretenant correctement. L'isolation joue un rôle crucial dans cette optique, car elle contribue à réduire les pertes d'énergie et à maintenir un environnement intérieur confortable. En prenant des mesures pour éviter d'endommager votre maison et vos biens, vous réduisez également le risque de devoir effectuer des réparations coûteuses ou de devoir racheter des objets régulièrement.

Stratégie 23 : Faites les choses vous mêmes.

Il est fascinant de constater qu'avec du temps et des connaissances, il est possible de réaliser d'importantes économies en adoptant un mode de vie plus autonome. Une vidéo récemment visionnée sur YouTube présentait le parcours d'une personne affirmant vivre sans argent. Après avoir travaillé pendant quelques années, cette personne a acquis un terrain où elle produit la plupart des choses dont elle a besoin. Cette démarche rappelle une idée abordée au début de ce livre : avec du temps et

60 Façons de faire des économies au quotidien.

des compétences, il est possible de générer de l'argent ou de s'en passer.

Je ne prône pas nécessairement l'idée de devenir des survivalistes isolés dans une montagne, loin de la société monétaire. Cependant, cette notion soulève une réflexion intéressante : avec du temps et des compétences, nous avons la capacité de nous affranchir de nombreux besoins que nous comblons habituellement par des achats, voire de les satisfaire par nos propres moyens.

Prenons un exemple concret : la lessive. Imaginons que vous achetiez une lessive à 2,79 euros (prix trouvé en réduction sur Internet) et que vous utilisiez un bidon de lessive par mois. Cela représenterait une dépense annuelle d'environ 34 euros pour la lessive. Et encore, ce prix est relativement bas et la consommation assez modérée. Cependant, même en prenant en compte ces valeurs modestes, cela représente une somme non négligeable dépensée chaque année pour un produit de base.

Pourtant, il est tout à fait possible de fabriquer sa propre lessive à la maison, de manière simple et économique. Il existe de nombreux tutoriels disponibles sur Internet pour nous apprendre à le faire.

60 Façons de faire des économies au quotidien.

Voici une recette de lessive maison :

Ingrédient pour faire sa lessive maison.
(recette pour 2 litres)

De la cendre de bois (4 verres)

De l'eau (2 litres)

Optionnel :
une branche d'herbes aromatique

60 Façons de faire des économies au quotidien.

Avec cette méthode, vous obtiendrez un mélange dégraissant et nettoyant très efficace. Cependant, le seul inconvénient est qu'il ne parfumera pas votre linge. Heureusement, ce problème peut être facilement résolu.

Étape 1 : Commencez par tamiser votre cendre afin de ne garder que la partie fine. Vous pouvez le faire en passant la cendre dans un tamis ou en utilisant des outils faits maison pour le tamisage.

Étape 2 : Une fois la cendre tamisée, déposez-la dans une bouteille. Assurez-vous de porter des gants pour cette étape, car la cendre peut salir. Pour chaque 4 verres de cendres, ajoutez deux litres d'eau.

Étape 3 : Laissez le mélange reposer pendant 24 à 48 heures. Ensuite, filtrez l'eau obtenue et mettez le mélange dans une bouteille.

Vous obtiendrez ainsi de la lessive maison. Cependant, comme mentionné précédemment, cette lessive nettoie efficacement mais ne parfume pas le linge. Pour remédier à cela, vous pouvez suivre l'étape 4.

Étape 4 (optionnelle) : Ajoutez des plantes aromatiques telles que de la lavande dans votre mélange. Laissez-les infuser

60 Façons de faire des économies au quotidien.

pendant quelques jours, puis filtrez à nouveau le mélange. Vous obtiendrez ainsi de la lessive parfumée. En fonction des plantes que vous choisirez, vous pourrez obtenir différentes odeurs de lessive. À vous de personnaliser vos mélanges en fonction de vos préférences !

En général, vous devriez pouvoir utiliser votre lessive maison dans votre machine à laver à la place des produits que vous utilisez habituellement. Cependant, je vous recommande vivement de tester d'abord l'efficacité de votre lessive sur vos vêtements. De plus, renseignez-vous pour voir si d'autres personnes ont déjà testé ce type de lessive sur des lave-linge du même modèle que le vôtre.

Bien qu'il ne devrait pas y avoir de problème avec votre mélange, il est toujours prudent de prendre des précautions. Il vaut mieux retarder d'une ou deux semaines les tests de votre lessive pour être sûr de ne pas endommager votre machine, plutôt que de risquer de l'abîmer en la testant immédiatement.

Comme vous avez pu le constater, fabriquer sa propre lessive est un processus relativement rapide. Cependant, cela demande un peu de préparation, notamment pour récupérer la cendre et laisser reposer le mélange.

60 Façons de faire des économies au quotidien.

En plus de la lessive, vous pouvez également envisager de fabriquer vos propres produits d'entretien, tels que ceux que vous utilisez pour nettoyer le sol, par exemple. En fabriquant vous-même ces produits, vous pourriez économiser une centaine d'euros chaque année. La plupart du temps, pour les fabriquer, vous aurez besoin de bicarbonate de soude, d'argile blanche, de vinaigre blanc, de savon de Marseille et de cristaux de soude. La plupart de ces produits peuvent être fabriqués par vous-même, notamment le vinaigre, et à un coût moindre que celui des produits disponibles dans les grandes surfaces.

Je ne pourrai pas fournir toutes les recettes pour toutes les situations, car elles dépendront de votre situation et de vos habitudes. Cependant, n'hésitez pas à faire des recherches sur Internet. Vous trouverez une multitude de recettes pour fabriquer des lingettes, du produit vaisselle et bien d'autres produits ménagers. Par exemple, j'ai trouvé beaucoup de recettes sur le site "Truc mania".

Je ne pourrai pas fournir toutes les recettes pour toutes les situations, car elles dépendront de votre situation et de vos habitudes. Cependant, n'hésitez pas à faire des recherches sur Internet. Vous trouverez une multitude de recettes pour fabriquer des lingettes, du produit vaisselle et bien d'autres produits ménagers. Par exemple, j'ai trouvé beaucoup de recettes sur le site "Truc mania".

Stratégie 24 : Achetez des produits réutilisables.

Ensuite, en plus de fabriquer la plupart de vos produits d'entretien vous-même, vous pouvez également investir dans des objets réutilisables pour éviter d'avoir à en racheter régulièrement. Voyons quelques exemples.

Récemment, ma mère a acheté un coton-tige réutilisable pour seulement 2 euros. Ce coton-tige est facilement lavable, donc hygiénique, et s'il est bien entretenu, il peut durer de nombreuses années. Donc, pour seulement 2 euros, vous pouvez obtenir un coton-tige qui pourrait durer jusqu'à 10 ans, voire plus si vous optez pour un modèle de meilleure qualité. Si vous achetez un paquet de coton-tiges tous les deux mois, par exemple, au prix de 1,99 euro, vous économisez 4 euros la première année et 6 euros chaque année suivante.

Encore une fois, cela peut sembler peu, mais économiser 6 euros chaque année équivaut à 4 ou 5 paquets de pâtes, voire deux repas gratuits, simplement en investissant dans un coton-tige réutilisable. Vous pouvez également acheter un distributeur de

60 Façons de faire des économies au quotidien.

savon pour éviter d'avoir à racheter une bouteille à chaque fois, ou encore des serviettes démaquillantes réutilisables, voire les fabriquer vous-même.

Comme nous l'avons mentionné précédemment, vous pouvez également opter pour des gourdes au lieu de bouteilles en plastique, ou des bocaux en verre pour stocker des aliments et éviter d'avoir à racheter des emballages à chaque fois.

Dans le même esprit, plutôt que d'utiliser des essuie-tout et d'en acheter régulièrement, envisagez d'investir dans des serviettes de table réutilisables. Deux serviettes par personne devraient suffire, vous permettant d'en avoir une en réserve pendant que l'autre est au lavage. Ajoutez-y quatre serviettes supplémentaires pour nettoyer votre table et votre vaisselle, et vous aurez une marge confortable. Si, en plus des serviettes, vous fabriquez votre propre lessive, vous ne dépenserez pratiquement plus rien à ce niveau, à part l'électricité et l'eau pour la machine à laver.

Optez également pour des sacs pliables et réutilisables afin d'en avoir toujours un sur vous pour les achats ou le transport d'objets.

Pour ceux qui aiment avoir des glaçons à portée de main, il existe des glaçons réutilisables en plastique contenant un liquide qui

60 Façons de faire des économies au quotidien.

gèle rapidement. En les entretenant correctement, vous pourrez les utiliser pendant de nombreuses années. Il vous suffit de les rincer entre deux utilisations et de les remettre au congélateur. Comparativement, un sac de glaçons au supermarché coûte en moyenne 6 euros pour 5 kilos. Ainsi, dès la première année, l'investissement dans des glaçons réutilisables devient rapidement rentable.

Stratégie 25 : Se servir de ce qui est gratuit.

Ce conseil peut sembler peu conventionnel et peut heurter votre ego, car personne n'aime vraiment le mettre en pratique. Lorsque vous vous rendez dans un fast-food et qu'on vous offre des sauces et des serviettes, pensez à les garder et à les utiliser. C'est un conseil souvent donné mais rarement suivi. Je ne compte plus le nombre de fois où j'ai récupéré des sauces pour finalement les jeter.

Pourtant, comme tous les autres conseils, celui-ci peut vous faire économiser pas mal d'argent. Vous pouvez également récupérer celles de vos proches. Par exemple, si vous consommez un tube de mayonnaise par mois, cela représente environ 20 euros d'économies chaque année (avec un coût moyen de 1,80 euro par tube). En réalité, vous pourriez même réduire ce coût, car vous

60 Façons de faire des économies au quotidien.

n'aurez probablement pas besoin d'acheter un ou deux tubes supplémentaires sur l'année si vous avez des stocks gratuits à disposition. Cela équivaut quand même à des économies d'environ 15 euros chaque année en utilisant des produits gratuits offerts dans les fast-foods.

À Burger King, par exemple, vous pouvez recevoir jusqu'à 4 dosettes par menu. Vous pouvez aussi récupérer le sel ou les bouteilles d'eau. Plus tôt, lors de la partie sur les économies au supermarché, j'ai mentionné la constitution de stocks. Si vous ne savez pas par où commencer, voici une astuce pratique. Personnellement, j'ai réussi à constituer mon stock d'eau en suivant cette méthode. Chaque jour, en mangeant au self de mon université, on m'a offert une bouteille et du sel. Je les ai gardés (n'utilisant que rarement du sel et ayant toujours ma gourde) et je les ai ajoutés à mon stock, que j'ai constitué petit à petit.

Ainsi, en adoptant des produits réutilisables tels que des pailles, des glaçons, etc., vous pouvez économiser jusqu'à 100 euros par an. Par exemple, en fabriquant votre propre lessive et en investissant dans des produits réutilisables, vous pouvez économiser en moyenne 64 euros par an sans aucun effort supplémentaire, car une fois achetés, ces produits ne vous coûtent plus rien et vous font économiser.

60 Façons de faire des économies au quotidien.

Cependant, ces exemples ne représentent qu'une fraction des possibilités d'économies que vous pouvez réaliser en optant pour des produits réutilisables. Par exemple, en remplaçant le sopalin par des serviettes lavables, vous pourriez économiser jusqu'à 40 euros par an, voire plus, en fonction de votre consommation.

Stratégie 26, Profitez de vos droits.

Les avantages offerts par les comités d'entreprise peuvent également constituer une source d'économies significatives. Ils proposent souvent des assurances à des tarifs réduits, des voyages gratuits et bien d'autres avantages. Bien qu'il puisse être nécessaire d'effectuer quelques démarches pour en profiter, cela en vaut la peine, car cela peut vous aider à réaliser des économies, notamment avec des assurances et mutuelles moins chères. De plus, vous pouvez aussi vous faire plaisir sans dépenser d'argent. Par exemple, lors du Noël de l'entreprise d'un de mes amis, il a reçu une PS4 en cadeau. Toute sa famille a pu en profiter et ce mois-là, ils n'ont pas eu à dépenser beaucoup pour se faire plaisir.

60 Façons de faire des économies au quotidien.

Stratégie 27, Préparez les événements à l'avance.

Acheter vos cadeaux de Noël à l'avance présente plusieurs avantages indéniables. Tout d'abord, comme nous l'avons déjà constaté, à l'approche des fêtes, les magasins ont tendance à augmenter leurs prix, sachant que la demande est forte et que les produits se vendront quoi qu'il arrive. En anticipant vos achats, vous évitez cette hausse tarifaire et pouvez économiser jusqu'à 10 à 20 %, voire davantage, sur le coût total de vos cadeaux.

De plus, à mesure que Noël approche, les articles les plus prisés peuvent rapidement se retrouver en rupture de stock, laissant peu de choix aux retardataires. En achetant tôt, vous vous assurez d'avoir accès à une plus grande variété de produits et de ne pas devoir vous rabattre sur des alternatives moins désirables.

Enfin, planifier vos achats de Noël à l'avance vous permet de répartir votre budget sur plusieurs mois, ce qui atténue considérablement l'impact financier de cette période festive. Posons-nous la question : est-il préférable de dépenser 50 euros par mois pendant 8 mois, ou bien de devoir débourser 400 euros en une seule fois le mois de décembre venu ?

La réponse semble évidente. Opter pour la première option vous offre une meilleure gestion de votre budget et vous évite les pressions financières de dernière minute. Cette approche peut également être appliquée aux anniversaires, même si le risque d'augmentation des prix ou de pénuries est moindre dans ce cas. Quoi qu'il en soit, prévoir à l'avance vos achats vous permettra de réduire la charge financière et de profiter pleinement de ces moments festifs.

Stratégie 28 Ne faites des retraits que dans votre banque.

Retirer de l'argent au distributeur d'une autre banque que la vôtre peut entraîner des frais pouvant aller jusqu'à 3 euros. Évidemment, la plupart d'entre nous préférerait éviter ce type de dépense.

Cependant, si vous vous trouvez dans une situation où vous ne pouvez pas faire autrement, par exemple s'il n'y a qu'un ou deux distributeurs dans votre ville et que votre carte bleue présente un problème, il est judicieux d'avoir toujours un peu d'argent liquide sur vous. Nous avons déjà évoqué précédemment l'importance d'avoir l'équivalent de 6 mois de dépenses disponibles en cas d'urgence. Cette recommandation est valable, mais nous pouvons aller plus loin.

60 Façons de faire des économies au quotidien.

Idéalement, essayez de disposer de 6 mois d'argent de côté en plus d'un mois d'argent liquide chez vous, bien caché pour éviter tout risque de vol. Cette somme pourra vous être utile en cas de compte bloqué, de dépense urgente ou de tout autre problème imprévu. Un mois d'argent liquide semble être une réserve suffisante pour faire face à de telles situations.

Cependant, si vous avez une situation financière plus aisée, il est recommandé d'avoir une réserve d'argent liquide équivalant à un an de dépenses, que ce soit chez vous ou chez un proche de confiance. Cette précaution vous offre deux matelas de sécurité conséquents en cas de difficultés financières. En effet, plus vous avez d'argent, plus vous risquez d'être exposé à des problèmes financiers, comme nous l'explorons dans le chapitre sur l'investissement et la bourse dans le second livre. Ainsi, avoir un an d'argent liquide en réserve n'est jamais excessif.

Dans le cas où vous devez faire un déplacement loin pour retirer de l'argent, il est conseillé de retirer une somme importante en une seule fois, par exemple une fois par an. Cela vous évite de devoir payer des frais de retrait à plusieurs reprises et optimise vos déplacements.

Cependant, comme je l'ai souligné précédemment, soyez extrêmement prudent avec cet argent. Évitez de le montrer sur les

60 Façons de faire des économies au quotidien.

réseaux sociaux pour ne pas attirer l'attention, et limitez les discussions à ce sujet avec vos proches pour éviter toute conversation inutile. Ne soyez pas constamment suspicieux, mais si personne n'aborde le sujet, il est préférable de ne pas en parler, car cela ne servira à rien.

Surtout, veillez à le cacher. L'été dernier, j'ai entendu l'histoire d'un ami de la famille qui était barman. Chaque fois qu'ils recevaient un pourboire, ils le mettaient dans un pot commun pour avoir de l'argent liquide. Au total, à deux, ils ont réussi à réunir 4 000 euros, qu'une personne mal intentionnée a eu le plaisir de récupérer, car ils avaient laissé le pot bien en vue dans l'entrée de leur maison.

Vous pouvez dissimuler votre argent n'importe où chez vous, mais vous devez prendre en compte certains risques. Le principal risque est d'oublier où vous avez caché votre argent. J'avais mis 10 euros dans un livre "au cas où", et j'ai eu la surprise de les retrouver 3 ans plus tard en prenant le livre pour le lire (une agréable surprise, certes). Par conséquent, vérifiez régulièrement que l'argent est toujours là, ce qui vous permettra également de vous rappeler de son emplacement.

De plus, ne conservez pas tout au même endroit, surtout s'il s'agit d'une grosse somme. Privilégiez également les petites coupures.

60 Façons de faire des économies au quotidien.

Imaginons qu'en raison d'une malchance incroyable, vous vous fassiez cambrioler et que quelqu'un découvre votre cachette. Si vous avez tout mis au même endroit, vous pourriez perdre une somme importante. Essayez donc d'avoir au moins 3 ou 4 cachettes différentes chez vous.

Stratégie 29, Préparez vos plats.

Préparer ses repas à l'avance et cuisiner soi-même présente de nombreux avantages économiques. Tout d'abord, cela réduit le gaspillage alimentaire, ce qui se traduit par des économies significatives sur vos achats de nourriture. En effet, si l'on considère que jusqu'à 33 % de la nourriture produite est gaspillée, chaque effort individuel pour réduire le gaspillage contribue non seulement à l'épargne personnelle, mais aussi à la stabilisation des prix alimentaires à l'échelle sociétale. Moins de gaspillage signifie moins de demande et une offre alimentaire plus stable, ce qui profite à l'ensemble de la population.

De plus, en planifiant vos repas à l'avance, vous évitez les achats impulsifs de repas à l'extérieur, tels que des sandwiches ou des restaurants, ce qui représente également des économies substantielles sur le long terme. Investir dans des boîtes de rangement et des couverts pliables peut faciliter le transport de vos repas et vous permettre de les emporter où que vous alliez, réduisant ainsi les tentations d'achat de repas coûteux à l'extérieur.

En outre, préparer vos repas à l'avance vous permet d'économiser du temps au quotidien. En réutilisant les restes de la veille pour les repas du lendemain, vous réduisez considérablement le temps nécessaire à la préparation des repas au jour le jour. Ainsi, bien que cela puisse demander un certain investissement initial de temps pour planifier et cuisiner à l'avance, les bénéfices à long terme en termes d'économies de temps et d'argent en valent largement la peine.

Stratégie 30 : Manger vos restes.

Une stratégie complémentaire à la préparation des repas à l'avance consiste à consommer les restes et à les conserver de manière appropriée. Si vous n'appréciez pas de manger deux fois le même plat, vous pouvez facilement partager vos restes avec vos proches ou même les offrir à vos animaux de compagnie. L'essentiel est de ne pas gaspiller ces restes, surtout lorsque des alternatives sont possibles.

60 Façons de faire des économies au quotidien.

Par ailleurs, si vous souhaitez éviter d'avoir des restes, une autre astuce consiste à ajuster les portions de vos plats. Si vous remarquez que, quelle que soit votre condition (faim, fatigue, maladie, etc.), il reste toujours la même quantité de nourriture dans votre assiette, il est peut-être temps de revoir la taille de vos portions à la baisse. Cela vous permettra de mieux ajuster la quantité de nourriture préparée à votre appétit réel, réduisant ainsi les risques de gaspillage et les dépenses inutiles en aliments excédentaires.

Stratégie 31 : Faites des listes d'achats.

De la même manière que dans le cas précédent, cette stratégie a déjà été partiellement abordée. L'être humain est un être guidé par les émotions ; la plupart de nos décisions sont prises en fonction de ce qu'elles nous font ressentir. Par exemple, lors d'une élection présidentielle, les gens peuvent voter pour un candidat en raison de son apparence physique, de son charisme, ou décider de ne pas voter pour un autre en raison de la peur qu'il ou elle inspire.

La plupart du temps, nous ne sommes pas rationnels dans nos choix d'achat. Nous achetons impulsivement sous l'effet des

60 Façons de faire des économies au quotidien.

émotions, puis rationalisons notre décision après coup. C'est pourquoi il est important, lors des courses, d'avoir une liste préétablie afin de ne pas céder à des achats impulsifs que nous pourrions regretter par la suite.

Cette dynamique s'applique également à notre quotidien. Par exemple, imaginez que vous naviguiez sur Amazon et que vous tombiez soudainement sur un produit qui vous donne énormément envie. Si vous ne l'achetez pas immédiatement, il est fort probable que vous perdiez l'envie de l'avoir deux jours plus tard. En revanche, si vous cédez à l'achat, vous risquez de perdre le plaisir associé à ce produit après quelques jours et de regretter votre décision.

Dans une telle situation, il est préférable de prendre le temps de la réflexion. Vous pouvez ajouter le produit à votre panier et y revenir quelques jours plus tard pour voir si vous en avez toujours envie. Vous pouvez également tenir une liste (sur papier ou sur votre téléphone, par exemple) et vous accorder une période d'une semaine entre le moment où vous ajoutez un produit à votre liste et celui où vous l'achetez réellement. Si vous craignez de manquer d'argent au moment de l'achat, vous pouvez toujours bloquer une somme sur votre compte destinée à cet achat, à condition que vous souhaitiez toujours le produit après quelques jours.

60 Façons de faire des économies au quotidien.

En outre, vous pouvez soumettre le produit que vous envisagez d'acheter à une série de filtres et de questions, comme :

- Est-ce que je le veux par envie ou par besoin ?
- Qu'est-ce que je pense ressentir en l'achetant et est-ce que j'en ai vraiment besoin ?
- Est-ce que je ne pourrais pas ressentir la même satisfaction en l'empruntant ou en optant pour un produit moins cher ?
- Quelle utilité cet objet va-t-il réellement m'apporter ?
- Est-ce que j'en aurai vraiment besoin, ou est-ce juste un caprice momentané ?
- Est-ce que je ne pourrais pas simplement le louer au lieu de l'acheter ?
- Est-ce qu'il ne va pas entraîner des frais supplémentaires à long terme, comme le renouvellement régulier de l'appareil ?
- Est-ce que je ne pourrais pas attendre qu'il y ait une promotion ou des soldes sur ce produit ?
- Si le produit est déjà en promotion, est-ce qu'il en reste beaucoup, et quand se finit la promotion ? Prendre le temps de réfléchir jusqu'à la fin de la promotion peut éviter un achat impulsif.

Voici une liste de question supplémentaire qui peuvent vous aider :

60 Façons de faire des économies au quotidien.

- Est-ce que cet achat s'inscrit dans mes objectifs financiers à long terme ?
- Est-ce que je suis prêt à investir du temps et des efforts pour entretenir ou utiliser correctement ce produit ?
- Est-ce que cet achat correspond à mes valeurs et à mes priorités ?
- Est-ce que je dispose de suffisamment de fonds pour couvrir cet achat sans compromettre mes autres besoins financiers ?
- Est-ce que je pourrais obtenir des recommandations ou des avis d'autres personnes qui ont déjà acheté ce produit ?
- Est-ce que je pourrais consacrer cet argent à quelque chose de plus important ou plus gratifiant pour moi-même ou pour ma famille ?

Si le sujet vous intéresse, je vous conseille la vidéo réalisée par le youtubeur "Partager c'est sympa" qui développe plus l'idée.
Voici le lien, https://www.youtube.com/watch?v=FjjS3TMqTCc
Sinon vous pouvez la retrouver en tapant SOLDES -100% SUR 2019 [Zéro Déchet, Obsolescence programmée, Surconsommation] sur youtube ou en vous rendant sur cette chaîne : "partager c'est sympa".

60 Façons de faire des économies au quotidien.

Évidemment, il est essentiel d'adapter ces questions à votre propre situation et à vos besoins personnels. Si le produit passe le filtre de vos réflexions et répond à vos critères satisfaisants, alors vous pouvez envisager de l'acheter. En revanche, s'il ne correspond pas à vos attentes ou si vous avez des doutes, il est préférable de passer votre chemin et de réorienter votre argent vers quelque chose qui correspondra mieux à vos besoins réels.

Grâce à l'utilisation de cette liste d'achats et du filtre que vous avez mis en place, vous serez en mesure de réduire considérablement les dépenses impulsives ou dites de "caprice". Par conséquent, vous éviterez les achats regrettés et vous économiserez de l'argent à long terme, car vous ne dépenserez plus sur un coup de tête. Cela vous permettra de mieux gérer vos finances et d'orienter vos dépenses vers ce qui compte vraiment pour vous.

Stratégie 32 : Moins d'écran = Plus d'argent.

Tout comme le maintien de votre maison propre, réduire le temps passé devant vos écrans ne se traduira pas nécessairement par des économies d'argent. Comme mentionné dans la stratégie précédente, nous sommes constamment exposés à des publicités qui nous incitent à acheter des produits et qui sollicitent notre cerveau de manière incessante.

60 Façons de faire des économies au quotidien.

L'analogie du pot de confiture est pertinente ici : est-il plus facile de suivre un régime lorsque le pot de confiture est constamment à portée de main ou lorsqu'il est rangé hors de vue ? De même, en réduisant notre exposition aux publicités et aux incitations à la consommation, nous limitons les tentations et les pressions pour acheter des produits superflus.

De plus, nous disposons tous d'un nombre limité d'heures dans une journée. Est-ce vraiment ce que nous voulons faire de notre temps ? Passer des heures devant des écrans qui ne nous apportent rien de valeur ajoutée ?

Il est important de préciser que je ne condamne pas l'utilisation des écrans en général. En tant que consommateur régulier de contenu numérique moi-même, je reconnais leur utilité et leur valeur. Cependant, il est crucial de distinguer entre consommer du contenu de manière constructive et consommer du contenu de manière passive. Passer trois heures devant un documentaire informatif qui enrichit nos connaissances est très différent de passer ce même temps devant une série peu enrichissante qui sera vite oubliée. Notre temps est précieux, et il est essentiel de l'utiliser judicieusement pour des activités qui nous apportent réellement du bénéfice.

60 Façons de faire des économies au quotidien.

Dans les premiers chapitres de ce livre, j'ai souligné que faire des économies d'argent ne demande généralement pas beaucoup d'effort, et je maintiens fermement cette idée. Souvent, nous investissons beaucoup plus d'énergie dans des activités qui ne nous apportent aucun bénéfice réel plutôt que dans la gestion de nos finances. Lorsque je parle de prendre le temps de faire un bilan financier, de comparer les produits ou même de fabriquer certains articles nous-mêmes, on peut se demander où trouver le temps pour tout cela.

Certes, dans certaines situations, trouver du temps peut être difficile, surtout pour ceux qui jonglent avec deux emplois, par exemple. Cependant, si je prends l'exemple de personnes de mon entourage qui prétendent ne pas avoir de temps libre, il est souvent possible de découvrir qu'ils passent en réalité de nombreuses heures sur les réseaux sociaux.

Prenons l'exemple d'une de mes amies qui se plaignait de ne pas avoir de temps pour elle. Lorsque nous avons analysé ensemble son emploi du temps, nous avons réalisé qu'elle passait en moyenne 8 heures par jour sur les réseaux sociaux. Ce temps était essentiellement perdu, car elle se contentait de lire des informations insignifiantes qui ne lui apportaient rien de concret. En prenant conscience de cela, elle a réalisé qu'elle disposait en

60 Façons de faire des économies au quotidien.

réalité de beaucoup de temps libre qu'elle pouvait consacrer à des activités plus enrichissantes et utiles.

Si vous souhaitez faire des économies, il est essentiel de trouver le temps pour le faire. Cela vous donnera toutes les chances de réussir. De plus, il est important de noter que la troisième partie de ce livre aborde le sujet de la création de revenus et de l'investissement. Pour réussir dans ces domaines, il est nécessaire de consacrer beaucoup de temps et d'énergie.

En outre, notre corps a une capacité d'adaptation remarquable. Si votre quotidien ne vous demande pas beaucoup d'énergie, vous risquez de rencontrer des difficultés lorsque vous vous retrouverez dans des situations plus exigeantes, car votre corps n'aura pas été habitué à fournir un effort supplémentaire.

Si votre quotidien est actif, vous serez probablement moins fatigué, même si vous dépensez davantage d'énergie que dans le cas précédent. En revanche, passer trop de temps devant la télévision ou sur des écrans peut avoir des conséquences néfastes sur votre bien-être mental et physique. Cette habitude risque de vous enfermer dans un cycle de métro-boulot-dodo, où vous êtes trop épuisé en rentrant chez vous le soir pour travailler sur vos projets personnels ou sur vos économies.

60 Façons de faire des économies au quotidien.

Je recommande donc de limiter votre temps d'écran. Non seulement cela vous épargnera l'assaut quotidien de publicités, mais cela vous permettra également d'utiliser ce temps de manière plus constructive. Par exemple, vous pourriez regarder des tutoriels sur la fabrication de votre propre lessive, trouver le temps de la préparer, acquérir des compétences monnayables, ou tout simplement prendre du temps pour vous-même.

En utilisant votre temps d'écran de manière plus judicieuse, vous pourrez améliorer votre vie quotidienne, développer de nouvelles compétences et vous rapprocher de vos objectifs personnels et financiers.

Stratégie 33 : Allez à la bibliothèque.

Les livres représentent l'une des sources d'apprentissage les plus riches et accessibles. En quelques heures de lecture, vous pouvez accéder à la synthèse de toute une vie de travail. Bien que les livres traditionnels soient toujours prisés, aujourd'hui, vous pouvez également trouver ce contenu en ligne, que ce soit sur Internet ou sur des plateformes comme YouTube. Je vous encourage également à écouter des podcasts, à visionner des vidéos éducatives ou à profiter des livres audio. À la fin de ce livre, je

60 Façons de faire des économies au quotidien.

vous proposerai quelques références que vous pouvez suivre sur YouTube, ainsi qu'une liste de livres que vous pourriez lire.

Cependant, pour cette stratégie, nous nous concentrerons principalement sur la lecture, car elle reste l'un des moyens les plus abordables et efficaces d'apprendre. Pour illustrer cela, prenons l'exemple de Jordan Belfort, célèbre pour son livre "Vendre", disponible pour environ 20 euros. Ce livre contient exactement le même contenu que ses formations, mais à un coût bien moindre. Ainsi, si vous cherchez à acquérir des connaissances à moindre coût, vous pouvez acheter des livres, ce qui vous permettra également de prendre des notes et de les consulter à tout moment, ou bien les emprunter à la bibliothèque, ce qui est totalement gratuit. Bien que cette méthode présente quelques inconvénients, elle reste une option économique.

En outre, si vous souhaitez simplement lire un roman sans l'acheter, vous pouvez l'emprunter à la bibliothèque et réaliser des économies. De plus, les bibliothèques offrent souvent des ordinateurs portables que vous pouvez utiliser pour accéder à Internet ou travailler si vous n'en possédez pas.

Pour conclure cette stratégie, je souhaite partager une citation entendue lors d'un podcast, qui résonne particulièrement avec moi.

60 Façons de faire des économies au quotidien.

"On peut réussir sans lire, mais on aurait réussi plus tôt et mieux en lisant."

Donc lisez plus.

Stratégie 34 Mettez les mains dans la terre.

La mise en place d'un potager dépendra essentiellement de l'espace dont vous disposez chez vous, mais si vous avez cette opportunité, cela peut non seulement embellir votre maison, mais également vous fournir des aliments frais, voire vous faire économiser de l'argent chaque année.

Tout d'abord, examinons les prérequis pour la création d'un potager. Vous aurez évidemment besoin de terre, que vous pouvez trouver dans les magasins généralistes comme Auchan pendant les saisons printanière et estivale, ou dans des magasins spécialisés tels que Gamm Vert. Cependant, si vous souhaitez minimiser les dépenses (ce que je vous recommande vivement), vous pouvez vous rendre dans une forêt publique suffisamment grande et récupérer un ou deux grands sacs de terre.

Si vous optez pour cette dernière option, il est préférable de laisser reposer la terre chez vous pendant un certain temps avant de la placer dans des pots. On ne sait jamais si la terre prélevée

60 Façons de faire des économies au quotidien.

présente un problème ou non. Par expérience personnelle, j'ai immédiatement placé la terre dans des pots et deux mois plus tard, j'ai découvert un chêne en pleine croissance.

Cette situation peut sembler improbable, mais en laissant la terre reposer, vous pourrez rapidement identifier tout problème éventuel, comme la germination de graines ou le développement de parasites. Cependant, ces problèmes potentiels ne devraient pas constituer un obstacle majeur.

Une fois que vous avez votre terre, il ne vous reste plus qu'à vous procurer des pots, des graines et de l'eau. Pour les pots, vous avez également la possibilité de les acheter en magasin. Cependant, avec un peu de créativité, vous n'aurez même pas besoin de dépenser d'argent pour en obtenir. Un simple pot de bonbons en plastique peut être recyclé pour planter des herbes aromatiques, et leur taille convient parfaitement à cet usage.

Une boîte d'œufs peut parfaitement servir à faire vos semis, tout comme un seau troué ou inutilisable avec un couvercle en dessous. Cependant, si vous souhaitez créer un coin jardin esthétique, il est préférable d'investir dans des pots de qualité, avec des formes et des couleurs attrayantes.

60 Façons de faire des économies au quotidien.

Maintenant, vous disposez des pots et de la terre. Pour ce qui est de l'eau, vous pouvez la récupérer de différentes manières, comme nous l'avons récemment abordé, ou encore installer un récupérateur d'eau de pluie pour économiser sur votre consommation d'eau potable.

En ce qui concerne les graines, vous avez également plusieurs options. Vous pouvez les acheter en magasin, mais assurez-vous qu'elles soient reproductibles, c'est-à-dire que les plantes issues de ces graines puissent à leur tour produire des graines. Vous pouvez également obtenir des graines auprès d'amis ou les collecter dans la nature, en veillant à bien identifier les plantes avant de prélever leurs graines.

Une autre alternative consiste à vous rendre dans une grainothèque, où vous pourrez parfois obtenir des graines gratuitement. Si vous ne parvenez pas à trouver des graines gratuitement, vous pouvez toujours demander à quelqu'un qui possède une plante qui vous intéresse la permission de prélever une bouture. Il vous suffira ensuite de placer cette bouture dans de l'eau avec des hormones de croissance pour favoriser son développement. De nombreux tutoriels gratuits sont disponibles sur YouTube pour vous guider dans cette démarche.

60 Façons de faire des économies au quotidien.

Pour planter vos plantes, si vous disposez d'un jardin ou d'une cour, aucun souci à vous faire. En revanche, si vous n'en avez pas, vous pouvez les installer sur votre balcon. Assurez-vous simplement de bien les attacher si vous les placez là, car un incident peut survenir rapidement.

Pour déterminer ce que vous pouvez planter, il est essentiel de prendre en compte l'espace dont vous disposez. Si vous avez un jardin assez spacieux, alors vous avez une belle opportunité de cultiver une variété de légumes et de fruits, tels que les haricots, les tomates, les melons, les pommes de terre, les herbes aromatiques, les fraises et les groseilles, parmi tant d'autres.

En revanche, si vous êtes limité à un petit balcon, vous pouvez toujours opter pour des plantes aromatiques qui non seulement parfumeront vos plats, mais vous feront également économiser de l'argent.

Les économies réalisées grâce à votre jardin dépendront des types de plantes que vous cultivez et de la quantité que vous réussissez à produire. Par exemple, imaginons que vous ayez trois plantes aromatiques sur votre balcon. En prenant bien soin d'elles et en réussissant à en cultiver un peu en intérieur (ce que la plupart des plantes supportent très bien), vous pourriez économiser entre 10

60 Façons de faire des économies au quotidien.

et 20 euros par an tout en bénéficiant de produits frais et de qualité.

Pour ceux qui ont la chance de posséder un jardin plus vaste, les économies peuvent être bien plus significatives. Par exemple, mes grands-parents, qui ont un jardin dans le sud, cultivent du melon et des tomates pour tout l'été, ainsi que des pommes et des salades en automne. En plus de ne jamais arroser leur jardin, car ils récupèrent l'eau de pluie, ils parviennent à économiser chaque année une centaine d'euros tout en profitant d'une activité physique gratifiante.

Stratégie 35 : Les poulets tu achèteras !

Une stratégie bonus consiste à envisager l'acquisition de poules si votre terrain le permet. Les poules sont des animaux fantastiques à bien des égards : elles consomment une grande quantité de déchets alimentaires, nécessitent peu d'espace si vous avez un jardin, et produisent des œufs pratiquement tous les jours, selon le type de poule que vous choisissez. De plus, ce sont des animaux affectueux et intelligents.

En bricolant votre propre poulailler avec des matériaux de récupération et en nourrissant principalement vos poules avec vos

60 Façons de faire des économies au quotidien.

déchets alimentaires (tels que les restes de pâtes, les épluchures, etc.), vous pourriez rentabiliser votre investissement en seulement 2 ou 3 mois grâce aux œufs que vous récolterez. Et comme ces animaux ont une longue durée de vie (entre 5 et 10 ans), vous réaliserez des économies considérables à long terme.

Cependant, il est crucial de se rappeler que les poules, avant d'être des pourvoyeuses d'œufs, sont des êtres vivants. Ne décidez pas d'en adopter une si vous ne pouvez pas vous en occuper correctement. Assurez-vous de prendre cette décision de manière réfléchie, car cela implique un engagement à long terme pour vous et le bien-être de la poule.

En revanche, si vous disposez d'un grand jardin, que vous générez beaucoup de déchets ménagers que vous jetez et que vous recherchez un animal de compagnie, alors envisagez sérieusement l'option d'adopter une poule. C'est à la fois pratique, économique et ajoute une touche charmante à votre environnement.

Ainsi, si vous n'avez pas encore de potager ou de petit jardin d'intérieur, pensez à en créer un. Vous y apprendrez beaucoup de choses, vous réaliserez des économies et vous pourrez également embellir votre maison avec des plantes ou des poules, selon vos préférences.

60 Façons de faire des économies au quotidien.

Stratégie 36 : Faire du sport, c'est bien.

Cette stratégie revêt une importance significative à plusieurs égards. Tout d'abord, il est indéniable que le coût des soins de santé augmente même en France. Il suffit de regarder l'exemple des frais de stationnement exigés dans certains hôpitaux, une dépense qui peut sembler absurde lorsque vous cherchez simplement à rendre visite à un proche. De plus, il est envisagé dans certains cercles de faire payer des consultations aux urgences pour des problèmes finalement mineurs, alors que nous contribuons déjà largement par le biais de nos impôts pour garantir l'accès gratuit aux soins de santé pour tous. Ainsi, petit à petit, la santé devient un luxe plutôt qu'un droit.

Bien que cette tendance ne soit pas souhaitable, c'est malheureusement la réalité à laquelle nous sommes confrontés. Dans cette situation, nous avons deux choix : nous résigner à cet état de fait, continuer à négliger notre santé et supporter des coûts de plus en plus élevés, ou prendre soin de nous-mêmes, même si cela peut sembler contraignant, afin de réduire nos visites chez le médecin.

Dans de nombreux pays asiatiques, la conception de la santé diffère de la nôtre. Pour eux, si une maladie se développe chez quelqu'un, cela signifie que le médecin a échoué dans sa tâche.

60 Façons de faire des économies au quotidien.

Leur objectif principal est de maintenir leurs patients en bonne santé plutôt que de simplement guérir leurs maladies.

Il est bien établi que l'exercice physique est bénéfique pour notre organisme. Un individu actif aura tendance à être moins malade qu'une personne obèse, par exemple. De même, il sera moins enclin à développer des problèmes liés à l'âge qu'une personne sédentaire qui n'a jamais fait d'exercice physique de sa vie. Ainsi, investir dans notre santé par le biais de l'exercice régulier peut non seulement nous éviter des dépenses médicales inutiles, mais aussi améliorer notre qualité de vie à long terme.

Ce sport est vraiment avantageux car il est accessible gratuitement, contribue à maintenir une bonne forme physique, et permet de travailler la plupart des groupes musculaires. Si vous souhaitez en savoir plus, je vous recommande la chaîne YouTube d'Eric Flag, qui a produit toute une série de vidéos sur les exercices au poids du corps. Il a également créé une formation gratuite où il détaille les exercices, explique comment les rendre plus faciles ou plus difficiles. Son travail est vraiment remarquable tant sur le fond que sur la forme.

Essayez et voyez si ce sport vous convient. Sinon, il existe de nombreuses autres activités gratuites comme le yoga pour améliorer votre souplesse, la course à pied qui ne nécessite que des chaussures de sport et un jogging (que la plupart des gens

60 Façons de faire des économies au quotidien.

possèdent déjà), ou encore la natation, bien que plus difficile à pratiquer gratuitement. Certaines villes offrent la possibilité de se baigner dans des lacs en été, même si l'eau peut être froide au départ, une fois que l'on s'y habitue, on peut y faire d'excellentes séances de sport.

Vous pouvez également bénéficier de l'aide de l'État pour pratiquer du sport gratuitement ou à moindre coût, via des réductions ou des clubs gratuits. Il existe de nombreuses options si vous souhaitez faire de l'exercice sans dépenser le moindre centime.

De plus, en tombant moins souvent malade, vous évitez les pertes de revenus. Si vous êtes salarié ou entrepreneur, être malade signifie généralement gagner moins, voire rien du tout. Prendre soin de votre santé est donc important pour vos finances, car être souvent malade entraîne des frais médicaux supplémentaires, notamment pour les médicaments non remboursés.

Il est également important de souligner que les personnes sportives ont généralement plus d'énergie que les autres. En conséquence, elles sont capables de travailler plus et plus efficacement. Si vous réussissez à travailler un peu plus chaque jour que les autres, vous obtiendrez éventuellement de meilleurs résultats, comme une promotion ou la création d'un revenu complémentaire.

Enfin, une des principales raisons d'économiser de l'argent est de pouvoir en profiter. Votre santé est un élément crucial pour profiter pleinement de vos économies et de votre situation financière. En prenant soin de votre santé, vous investissez également dans votre bien-être et votre qualité de vie à long terme.

Stratégie 37 : Le dentiste sera ton meilleur ami.

Fréquenter régulièrement le dentiste ne se limite pas à maintenir une bonne hygiène bucco-dentaire, c'est aussi un investissement dans votre santé à long terme. En effet, en effectuant des visites régulières chez votre dentiste, vous pouvez prévenir les problèmes dentaires avant qu'ils ne deviennent graves et coûteux à traiter. Non seulement vous évitez les douleurs associées aux problèmes dentaires, mais vous limitez également les frais liés à des interventions dentaires importantes, qui peuvent souvent être onéreuses.

Cet adage s'étend également à d'autres aspects de la santé. Par exemple, un mal de ventre apparemment banal pourrait être le symptôme d'un problème plus sérieux, comme un cancer. En

60 Façons de faire des économies au quotidien.

consultant un professionnel de la santé dès l'apparition de symptômes inhabituels, vous augmentez vos chances de détecter précocement tout problème potentiel et d'empêcher qu'il ne s'aggrave.

Cependant, il est important de ne pas tomber dans l'excès et de consulter un médecin pour le moindre inconfort. Un équilibre raisonnable consiste à planifier des contrôles de routine réguliers avec votre dentiste et à réagir rapidement en cas de symptômes inquiétants en consultant votre médecin généraliste. Cela vous permet de prendre en charge votre santé de manière proactive tout en évitant les dépenses excessives et les problèmes de santé graves.

Stratégie 38 : Les addictions c'est pas foufou.

Il est crucial de prendre conscience que pour réaliser des économies significatives, il est impératif de mettre un terme à ses addictions, surtout si celles-ci ont un impact néfaste sur votre santé et vos finances. Bien sûr, si vous êtes passionné par votre travail, cela peut sembler moins problématique, mais il est toujours important de trouver un équilibre.

Prenons l'exemple du tabagisme. Si vous êtes un fumeur quotidien, il est probable que vous entendiez souvent qu'il s'agit

60 Façons de faire des économies au quotidien.

d'une habitude coûteuse. Un ami de la famille fumait deux paquets de cigarettes par jour, ce qui représentait environ 600 euros par mois, soit 7 200 euros par an. Sur une décennie, cela équivaut à 72 000 euros, et sur un siècle, à 720 000 euros. Au cours d'une vie, un fumeur aurait ainsi dépensé environ un demi-million d'euros en cigarettes. Même pour ceux qui fument moins, comme un paquet par semaine, les dépenses s'élèvent toujours à 40 euros par mois, soit 480 euros par an.

Sur le plan moral, je ne m'immisce pas dans les choix personnels de chacun. Mon but est de promouvoir un mode de vie sain, mais je respecte la liberté individuelle. Cependant, d'un point de vue financier, les addictions sont préjudiciables. Par exemple, un fumeur dépense en moyenne 3 800 euros par an pour sa cigarette, tandis que pour l'alcool, les ménages consacrent en moyenne 700 euros par an, ce qui peut être multiplié par quatre à cinq pour un alcoolique.

L'impact financier des addictions peut varier considérablement en fonction de la substance ou du comportement en question. Prenons l'exemple des drogues, qu'elles soient douces ou dures. Les moins chères peuvent représenter un millier d'euros par an, tandis que les plus coûteuses, comme la cocaïne, peuvent atteindre plusieurs milliers d'euros par jour.

60 Façons de faire des économies au quotidien.

Les jeux vidéo peuvent également devenir une source d'addiction financièrement préoccupante, en particulier les jeux pay to win ou freemium. Les microtransactions, achetées petit à petit, peuvent s'accumuler rapidement, comme en témoigne le cas d'un homme ayant dépensé près de 20 000 euros dans Clash Royale.

De même, la pornographie peut devenir une addiction coûteuse. Elle est l'une des addictions les plus répandues, car elle agit sur l'un de nos besoins fondamentaux et active facilement le circuit de récompense dans le cerveau. Contrairement à la cigarette, qui nécessite un achat, une consommation et une réaction chimique dans le corps pour obtenir de l'endorphine, la pornographie est accessible instantanément en ligne, offrant un plaisir immédiat à la vue des vidéos.

Les addictions, qu'elles soient liées à la consommation de substances comme la cigarette, l'alcool ou la drogue, ou à des comportements comme la pornographie et le jeu d'argent, entraînent un phénomène d'accoutumance. Petit à petit, il devient nécessaire d'augmenter la dose pour ressentir les mêmes sensations, ce qui peut avoir des conséquences financières importantes.

60 Façons de faire des économies au quotidien.

La pornographie, par exemple, peut représenter un coût financier non négligeable, car de nombreuses vidéos sont payantes. De même, l'addiction au jeu d'argent peut s'avérer très coûteuse.

Certes, ces exemples sont extrêmes, la plupart des gens ne consommant pas de manière excessive. Cependant, si l'on additionne toutes ces dépenses au fil du temps, elles représentent tout de même une somme considérable, atteignant souvent plusieurs milliers d'euros par an.

Pour économiser de l'argent, il est essentiel d'éviter de tomber dans des addictions. La meilleure façon d'y parvenir est de les éviter autant que possible. Si vous êtes déjà pris dans une addiction, la première étape est de prendre conscience du problème. Ensuite, vous pouvez élaborer un plan pour éliminer progressivement l'addiction de votre quotidien, en la remplaçant par des activités plus saines. Par exemple, si vous ressentez l'envie de regarder de la pornographie, sortez faire une promenade pour vous changer les idées et profiter d'une activité physique bénéfique.

Il est également important de supprimer de votre environnement tout ce qui pourrait vous rappeler votre addiction. Par exemple, si vous fumez, débarrassez-vous de votre cendrier, de votre paquet de cigarettes, de vos briquets, et tout ce qui est associé à cette habitude. Si vous aviez l'habitude de prendre un café en même temps que vous fumiez, arrêtez de prendre votre café le matin et trouvez une autre activité pour remplacer cette habitude, au moins le temps que votre envie de fumer diminue.

Traiter le sujet des addictions nécessiterait un livre entier pour être abordé de manière exhaustive. Cependant, quelques conseils simples peuvent être utiles. Tout d'abord, identifiez le problème (en l'occurrence, l'addiction), acceptez qu'il existe un problème, cherchez de l'aide et travaillez sur l'arrêt de l'addiction. Une technique utilisée par certaines personnes, comme les membres des Alcooliques Anonymes, consiste à se fixer des objectifs atteignables sur de courtes périodes. Par exemple, se dire chaque matin : "Je tiens au moins jusqu'à ce soir", puis le soir : "Je tiens jusqu'à demain matin". Cette approche fragmente la tâche en objectifs plus petits et plus gérables, ce qui peut rendre le processus d'arrêt de l'addiction moins intimidant.

Stratégie 39 : Le casino est toujours gagnant.

Il est également important de supprimer de votre environnement tout ce qui pourrait vous rappeler votre addiction. Par exemple, si vous fumiez, débarrassez-vous de votre cendrier, de votre paquet de cigarettes, de vos briquets, et tout ce qui est associé à cette

60 Façons de faire des économies au quotidien.

habitude. Si vous aviez l'habitude de prendre un café en même temps que vous fumiez, arrêtez de prendre votre café le matin et trouvez une autre activité pour remplacer cette habitude, au moins le temps que votre envie de fumer diminue.

Traiter le sujet des addictions nécessiterait un livre entier pour être abordé de manière exhaustive. Cependant, quelques conseils simples peuvent être utiles. Tout d'abord, identifiez le problème (en l'occurrence, l'addiction), acceptez qu'il existe un problème, cherchez de l'aide et travaillez sur l'arrêt de l'addiction. Une technique utilisée par certaines personnes, comme les membres des Alcooliques Anonymes, consiste à se fixer des objectifs atteignables sur de courtes périodes. Par exemple, se dire chaque matin : "Je tiens au moins jusqu'à ce soir", puis le soir : "Je tiens jusqu'à demain matin". Cette approche fragmente la tâche en objectifs plus petits et plus gérables, ce qui peut rendre le processus d'arrêt de l'addiction moins intimidant.

Les jeux d'argent sont souvent associés à des addictions et sont considérés comme dangereux, tout comme les drogues. Il existe différents types de jeux d'argent, qui consistent essentiellement à parier de l'argent avec l'espoir de gagner plus en retour. Par exemple, je mets un euro sur la table et si mon pari est gagnant, je récupère deux euros.

60 Façons de faire des économies au quotidien.

Dans ces jeux, la chance joue un rôle crucial, et souvent c'est uniquement grâce au hasard que l'on gagne. Il y a cependant des exceptions, notamment dans les jeux de cartes dans les casinos, où certaines techniques peuvent permettre de limiter le rôle du hasard. Cependant, les casinos sont très vigilants et luttent activement contre toute forme de triche. Si quelqu'un est suspecté de compter les cartes et de gagner trop souvent, il sera immédiatement expulsé sans ménagement.

Ainsi, on peut conclure que le facteur chance est prépondérant dans les jeux d'argent et que les techniques de triche sont strictement interdites et fortement surveillées.

Par exemple, le loto est un jeu d'argent où vous achetez un ticket en misant une somme, et si vous obtenez les numéros gagnants, vous pouvez repartir avec plus que votre mise. Cependant, il est extrêmement difficile de décrocher le gros lot dans ce type de jeu. Prenez l'Euro Millions par exemple : il faut trouver 5 nombres compris entre 1 et 50, ce qui signifie que vous avez une chance sur 50 pour le premier, une sur 49 pour le deuxième, une sur 48 pour le troisième, une sur 47 pour le quatrième et une sur 46 pour le cinquième. Cela signifie que vous avez environ une chance sur 254 251 200 d'obtenir les numéros gagnants, sans même prendre en compte l'ordre dans lequel ils apparaissent.

60 Façons de faire des économies au quotidien.

Il est intéressant de constater que, malgré les faibles chances de gain, la plupart des gens sont plus enclins à dépenser quelques euros chaque année dans des tickets de loterie que dans des actions en bourse, qu'ils jugent souvent "trop risquées". Nous reviendrons sur ce point dans le volume 2.

Le blackjack, quant à lui, est également un jeu d'argent, mais avec des chances de gagner plus élevées. Plutôt que d'avoir une chance sur 250 millions comme dans le loto, les chances de gagner sont d'environ une sur deux ou trois. Il est donc plus probable de gagner au blackjack. Alors, faut-il jouer aux jeux d'argent ?

La réponse dépend de votre situation financière. Si vous avez beaucoup d'argent de côté, si vous investissez chaque mois une part importante de vos revenus dans des projets rentables et que vous gagnez bien votre vie, dépenser 50 euros par mois à la roulette peut sembler anodin.

Ce n'est peut-être pas l'activité la plus saine, mais chacun est libre de faire ce qu'il veut. Cependant, si vous vous fixez un budget mensuel de 50 euros (parce que vous pouvez largement vous le permettre, et je souligne le "largement"), il ne faut jamais dépasser ce montant et ne jamais faire d'entorse, même si vous êtes convaincu de pouvoir gagner davantage. En fin de compte, ce sont toujours les organisateurs du jeu qui en bénéficient. Que ce

60 Façons de faire des économies au quotidien.

soit la Française des jeux pour le loto ou le casino pour la roulette, ce sont eux les véritables gagnants.

Il est donc essentiel de ne pas se laisser emporter par le jeu ou par ses émotions, au risque de perdre non seulement son budget et ses gains, mais aussi une partie de ses économies.

Si vous êtes une personne financièrement fragile, qui peine à joindre les deux bouts, vous ne devriez même pas envisager de vous aventurer dans le monde des jeux d'argent. Ne vous laissez pas berner par les illusions qui vous promettent de devenir riche facilement grâce aux paris sportifs ou aux méthodes de gain plus fréquent aux jeux de hasard. Vous pourriez finir encore plus pauvre qu'auparavant, et cela n'est certainement pas le but recherché.

En plus de perdre de l'argent, les jeux d'argent peuvent aussi entraîner une dépendance. Lorsque l'argent est mis en jeu, gagné ou perdu, une gamme d'émotions peut surgir, parfois assez intenses, pouvant rapidement mener à une dépendance. Certaines personnes associent le gain à du plaisir et finissent par jouer de manière compulsive pour retrouver cette sensation.

Des individus se sont retrouvés piégés dans un cycle de dette à vie à cause des jeux d'argent et des jeux de hasard. Ainsi, si vous

60 Façons de faire des économies au quotidien.

n'avez pas d'argent à perdre, fuyez-les comme la peste. Même si vous êtes riche, il est préférable de ne pas s'y aventurer. Tout comme pour les addictions mentionnées précédemment, il vaut mieux ne pas sous-estimer leur pouvoir et les éviter autant que possible.

Stratégie 40 : Un numéro de tél ? Tu veux pas mon skype en plus ?

Il y a quelques années, avoir une ligne fixe était avantageux pour une famille afin d'être joignable chez soi. Mais aujourd'hui, qui n'a pas de téléphone ou d'autres moyens de communication, comme Discord, Skype, WhatsApp ou Telegram ?

Personnellement, je n'utilise plus que Discord pour passer des appels ou envoyer des messages, et parfois Telegram, car les deux fonctionnent très bien. De plus, comme ma connexion Wi-Fi est parfois instable, j'utilise principalement la 4G. Si c'est possible pour vous, envisagez de résilier votre ligne fixe ou de passer à un abonnement minimal pour le téléphone, tout en investissant dans un boîtier 4G ou un appareil similaire.

Faites-le seulement si c'est rentable pour vous. Parfois, il est légitime de remettre en question l'utilité de payer pour des

60 Façons de faire des économies au quotidien.

services lorsque l'on peut obtenir quelque chose de mieux, gratuit, plus discret et plus sécurisé.

Par exemple, Telegram ne surveille pas mes messages, ne les enregistre pas et ne nécessite que l'utilisation du réseau, ce qui le rend plus sûr qu'une ligne téléphonique classique.

Stratégie 41 : Faites comme les petits vieux.

La stratégie que je vais aborder peut sembler banale, mais elle nous permettra d'aborder un sujet plus vaste. Beaucoup de gens utilisent un sèche-linge pour sécher leur linge, comme son nom l'indique. Cependant, le sèche-linge consomme de l'électricité (en moyenne, il coûte 52 euros par an à une personne qui en possède un). Si vous cherchez à économiser de l'argent et à réduire vos factures, il est préférable de vous tourner vers un fil à linge ou un étendoir pour éviter de payer l'électricité.

Si vous n'en possédez pas, vous pouvez en trouver dans des magasins comme "Gifi" ou "Action". Vous pouvez également acheter des épingles à linge (privilégiez celles en bois qui durent plus longtemps). Si vous étendez votre linge à l'intérieur, vous n'aurez peut-être pas besoin d'en utiliser, car c'est souvent le vent qui nécessite leur utilisation.

60 Façons de faire des économies au quotidien.

Avant l'avènement de l'électricité, nos ancêtres avaient les mêmes besoins que nous, et ils étaient souvent capables d'inventer des solutions pour y répondre. Par exemple, en ce qui concerne le séchage du linge, ils ont inventé la corde à linge.

Si vous souhaitez gagner en autonomie vis-à-vis de la société ou économiser de l'argent, vous pouvez regarder à la fois devant et derrière vous. Revenir à l'utilisation d'un étendoir plutôt que d'un sèche-linge, c'est regarder en arrière pour voir comment nos ancêtres s'occupaient de leur linge de manière économique.

L'achat d'un glaçon réutilisable, quant à lui, c'est regarder vers l'avenir. Ce n'est peut-être pas l'invention la plus futuriste, mais nos parents n'y avaient pas accès, et aujourd'hui tout le monde ne sait pas nécessairement que cela existe, car c'est relativement récent.

Je pense que c'est une idée importante à garder à l'esprit lorsque l'on cherche à économiser de l'argent. Réutiliser d'anciens concepts ou être à la pointe de la technologie pour les utiliser moins, voire pas du tout. Le choix entre les deux dépendra de votre niveau de connaissance du produit (on ne peut pas acheter un objet dont on ignore l'existence) et de votre budget.

60 Façons de faire des économies au quotidien.

Stratégie 42 : Votre téléphone peut vous faire économiser.

Quand un téléphone est conçu, il est doté d'un "cycle de batterie", ce qui signifie qu'il ne peut être rechargé qu'un certain nombre de fois. De plus, la batterie est très sensible aux chocs et à certains comportements que nous pouvons avoir. Par exemple, laisser la batterie de son téléphone se vider entièrement est très mauvais, tout comme laisser son téléphone ou ses appareils électroniques branchés lorsque leurs batteries sont pleines.

Pourquoi est-ce mauvais ?

Nos téléphones n'apprécient pas les surtensions, car cela dégrade la batterie, et plus la batterie est dégradée, moins elle dure longtemps. De même, la batterie n'aime pas être sous tension ou complètement vide, car cela la dégrade également.

Une batterie qui charge trop longtemps présente également un risque de surchauffe et peut parfois prendre feu. Ainsi, il y a de nombreux problèmes liés à de tels comportements. Comme mentionné précédemment dans le livre, l'un des meilleurs moyens d'économiser est de préserver ses affaires et d'en prendre soin. Pour préserver la batterie, il est conseillé de l'éloigner des sources de chaleur qui pourraient l'endommager et d'éviter de laisser votre téléphone au soleil.

60 Façons de faire des économies au quotidien.

De plus, même lorsque le téléphone est complètement chargé, le chargeur continue d'utiliser du courant, ce qui signifie qu'il utilise de l'électricité inutilement. Ainsi, non seulement nous perdons en durée de vie de la batterie avec toutes les conséquences que cela entraîne (devoir acheter un nouveau téléphone, ne pas pouvoir revendre celui que nous avons car il ne fonctionnera plus, devoir le recharger en permanence et donc consommer de l'électricité, etc.), mais nous payons également une partie de nos factures pour rien.

Le titre de la stratégie, "Entre 20 et 80%", fait référence à une plage de charge recommandée pour les téléphones mobiles. Cependant, les études sur ce sujet ne sont pas toujours claires, et les pourcentages varient selon les sources. Certains avancent le chiffre de 15% pour 85%, tandis que d'autres proposent d'autres ratios. Ce sur quoi les études s'accordent, c'est sur le fait que le téléphone ne devrait pas être laissé à un niveau de charge trop bas ou trop élevé, dépassant ainsi certains seuils.

Lorsque la batterie est maintenue en dessous de 20%, cela peut induire un stress sur les cellules ioniques de la batterie en raison d'une forte absorption d'énergie. De même, au-delà de 80%, la batterie peut être soumise à une surcharge, entraînant une augmentation de la température de l'appareil. Ces variations de température peuvent réduire la durée de vie de la batterie.

60 Façons de faire des économies au quotidien.

Pour limiter la température de votre téléphone pendant la charge, il est recommandé de retirer la coque de protection afin de permettre à l'appareil de "respirer". Cela contribue à réduire la chaleur générée pendant le processus de charge, ce qui peut permettre une charge plus rapide et une durée de vie plus longue de la batterie.

En résumé, il est important de prendre soin de votre appareil en respectant les recommandations de charge et en évitant de dépasser les limites indiquées. Cela contribue à préserver la durée de vie de votre téléphone et à éviter les problèmes liés à une batterie endommagée.

Stratégie 43 : Limiter la consommation de vos appareils électriques.

Si vous avez un iPhone, vous pouvez désactiver partiellement ou totalement Siri, l'assistant de recherche. Cette fonctionnalité géolocalise en permanence votre téléphone, reste activée et cherche quelle application pourrait vous être utile.

Bien que Siri soit très pratique, elle peut être extrêmement énergivore pour votre téléphone. Donc, si vous ne vous en servez jamais, désactivez-la. De même, si vous avez un Android avec

60 Façons de faire des économies au quotidien.

l'assistant Google ou tout autre assistant, désactivez-les si vous ne les utilisez pas.

Lorsque vous êtes chez vous, privilégiez votre connexion Wifi à votre réseau 4G, même si le Wifi est moins rapide. En effet, la 4G peut consommer plus de batterie que le Wifi.

Désactivez la géolocalisation de votre téléphone lorsque vous n'en avez pas besoin. Cette fonctionnalité, bien que pratique, sollicite continuellement votre téléphone en arrière-plan, ce qui peut énormément affecter l'autonomie de la batterie. Sur certains modèles de téléphone, désactiver la géolocalisation peut permettre d'économiser jusqu'à une heure d'autonomie.

Si vous n'utilisez pas le Bluetooth, désactivez-le dans les paramètres de votre téléphone et réactivez-le uniquement lorsque vous en avez besoin. Tout comme la géolocalisation, laisser le Bluetooth activé en permanence peut drainer la batterie inutilement.

Activez la fonction de verrouillage automatique de votre téléphone et de vos appareils. Cette fonction mettra en veille vos appareils après un certain laps de temps d'inactivité. Par exemple, si vous ne touchez pas à votre téléphone pendant 30 secondes, celui-ci se mettra automatiquement en veille. Cela évite de laisser votre téléphone fonctionner inutilement pendant des heures.

Vous pouvez retrouver la fonction de verrouillage automatique dans les paramètres de votre téléphone. Je vous conseille de le régler sur 30 secondes. Au-delà, cela pourrait être trop pour votre téléphone, et en dessous, cela peut être gênant pour vous, car avoir un téléphone qui se verrouille après seulement quelques secondes d'inactivité peut être frustrant. Avec une période de 30 secondes, vous aurez le temps de poser votre téléphone, de faire autre chose à côté, et de le récupérer normalement. Bien sûr, le verrouillage automatique ne s'active pas si vous regardez une vidéo sur YouTube ou utilisez une application active, donc pas d'inquiétude à ce niveau-là.

Désactivez la plupart de vos notifications. Il existe deux types de notifications : celles qui s'affichent sur l'écran de verrouillage de votre téléphone et celles qui apparaissent lorsque votre téléphone est en cours d'utilisation. Les notifications qui activent l'écran de verrouillage sont les plus énergivores. Il est donc préférable de ne conserver que celles qui sont vraiment importantes, comme les messages de vos proches ou les notifications d'appels. Toutes les autres notifications sont généralement superflues.

60 Façons de faire des économies au quotidien.

Ensuite, pour les notifications qui apparaissent lorsque votre téléphone est allumé, ne gardez pas toutes les notifications activées. Même si elles consomment moins d'énergie que celles qui activent l'écran de verrouillage, elles peuvent quand même avoir un impact sur la durée de vie de la batterie. Limitez-vous aux notifications les plus importantes, telles que les messages, les e-mails et les notifications des applications essentielles pour vous.

Les notifications utilisent de la batterie sur votre téléphone, mais elles soulèvent également une question plus profonde : combien vaut votre concentration et votre tranquillité ?

Imaginons que vous vous promenez en ville. Seriez-vous d'accord pour être interrompu toutes les 5 minutes par quelqu'un qui vous demande de l'argent ou qui vous raconte sa vie ? Normalement, la réponse est non, car personne n'aime être dérangé de manière incessante. Alors pourquoi permettre à des applications de vous déranger constamment sur votre téléphone ? Pourquoi autoriser une application comme Pokémon Go à vous rappeler de vous connecter alors que vous êtes en train de travailler ? Pourquoi permettre à Facebook de vous informer que le meilleur ami de votre voisin a posté une photo de ses vacances au Cap d'Agde lorsque vous êtes en pleine conversation avec quelqu'un ? Ces exemples sont à peine exagérés.

60 Façons de faire des économies au quotidien.

Beaucoup de gens tolèrent sur leur téléphone des interruptions qu'ils n'accepteraient pas dans la vie réelle. Donc, si une application n'est pas vitale pour vous, n'hésitez pas à désactiver toutes les notifications qu'elle pourrait vous envoyer. Gardez uniquement celles qui sont vraiment importantes pour vous.

De plus, si vous conservez toutes vos notifications, à la longue, elles perdent toute leur efficacité. Vous serez tellement submergé par les notifications que vous finirez par ne plus les remarquer, ce qui pourrait vous faire passer à côté d'informations vraiment importantes. Par exemple, ma mère, que j'aime beaucoup et qui lira ce livre, a toutes ses notifications activées en permanence. En conséquence, lorsque je lui envoie un message (qu'il soit important ou non), j'ai une chance sur deux de ne pas recevoir de réponse car elle ne le verra pas. Pour toutes ces raisons (batterie, concentration, vie privée et priorité aux informations essentielles), il est judicieux de supprimer la plupart de vos notifications.

Pour économiser de la batterie sur votre téléphone, vous pouvez utiliser le mode économie d'énergie. Ce mode désactive de nombreuses fonctionnalités en arrière-plan, ce qui permet d'économiser considérablement la batterie. Certains téléphones proposent même un mode encore plus poussé appelé "économiseur de batterie ultra". En activant ce mode, votre

60 Façons de faire des économies au quotidien.

téléphone coupe toutes les applications inutiles, réduit les notifications au strict minimum et ne conserve que les fonctionnalités essentielles telles que les appels et les SMS. En adoptant cette configuration, votre téléphone peut tenir plusieurs jours sans nécessiter de recharge.

Une autre astuce consiste à diminuer la luminosité de votre écran. En effet, plus l'écran est lumineux, plus il consomme de batterie. Ainsi, lorsque vous êtes dans un environnement sombre ou à l'ombre, n'hésitez pas à réduire la luminosité de votre écran. De même, si vous écoutez de la musique ou n'utilisez pas votre écran, réglez la luminosité au minimum. Après tout, éclairer votre poche est inutile, n'est-ce pas ?

Dans le même ordre d'idées, optez pour un fond d'écran sombre, voire totalement noir si vous le pouvez. Les écrans sont composés de pixels de différentes couleurs, et l'affichage d'un fond d'écran blanc, par exemple, demande à tous les pixels d'être allumés au maximum, ce qui consomme beaucoup de batterie. En revanche, un fond d'écran noir nécessite seulement quelques pixels allumés ou éteints, ce qui limite la consommation d'énergie.

En activant le mode sombre sur vos applications, vous réduirez également leur consommation de batterie tout en offrant un meilleur confort visuel pour vos yeux. Cette mesure vous

60 Façons de faire des économies au quotidien.

permettra non seulement d'économiser de la batterie, mais aussi de préserver vos yeux lors de l'utilisation de votre téléphone.

Stratégie 44 : Votre téléphone est votre ami 2.

Pour économiser davantage de batterie et optimiser les performances de votre téléphone, envisagez de le mettre en mode avion lorsque vous n'en avez pas besoin pendant une période prolongée. Bien que cela puisse sembler un peu extrême et fastidieux à mettre en œuvre quotidiennement, cette mesure présente plusieurs avantages. Tout d'abord, en activant le mode avion, vous économisez la consommation de données en 4G, ce qui est bénéfique pour votre forfait mobile. De plus, cela libère la bande passante du réseau Wi-Fi, ce qui peut améliorer la vitesse de connexion pour les autres utilisateurs de votre foyer, notamment en famille ou en colocation. En outre, cette action permet également d'économiser de la batterie, car votre téléphone n'est pas sollicité pour maintenir une connexion réseau active.

Il est également essentiel de faire régulièrement le tri dans vos applications afin de ne pas saturer la mémoire de votre téléphone. En effet, plus votre espace de stockage est rempli, plus votre téléphone risque de ralentir. Par exemple, lorsque vous souhaitez

60 Façons de faire des économies au quotidien.

prendre une photo, un téléphone saturé de données pourrait mettre plus de temps à ouvrir l'application appareil photo et à enregistrer la photo, ce qui augmente la consommation de batterie. Ainsi, bien que la relation entre la saturation de la mémoire et la consommation de batterie ne soit pas directe, un téléphone avec peu d'espace de stockage disponible nécessitera plus d'énergie pour des performances équivalentes par rapport à un téléphone avec une mémoire moins saturée. En faisant régulièrement le tri dans vos applications et en supprimant celles dont vous n'avez plus besoin, vous pouvez améliorer les performances de votre téléphone tout en prolongeant sa durée de vie de la batterie.

Stratégie 45 : T'es passez chez soche ? Non, j'ai juste optimiser mon forfait mobile !

Pour optimiser l'autonomie de votre téléphone et réduire la consommation de batterie, il est crucial de limiter l'utilisation des données mobiles en arrière-plan par les applications. Prenons l'exemple de Pokémon Go, une application populaire qui non seulement utilise la géolocalisation en permanence, comme mentionné précédemment, mais tourne également continuellement en arrière-plan. Cette situation n'est pas unique à cette application, de nombreuses autres applications fonctionnent de la même manière, consommant ainsi de la batterie et des données mobiles même lorsque vous ne les utilisez pas activement.

Heureusement, la plupart des téléphones offrent des paramètres qui permettent de contrôler l'utilisation des données mobiles par les applications. Vous pouvez définir quelles applications sont autorisées à utiliser les données mobiles en arrière-plan et lesquelles ne le sont pas. En ajustant ces paramètres, vous pouvez réduire de manière significative la consommation de données mobiles et la charge sur la batterie de votre téléphone.

En mettant en pratique la plupart de ces méthodes, vous pourrez augmenter l'autonomie de la batterie de votre téléphone de 30 % à 50 %. Cette amélioration vous permettra de réduire la fréquence de recharge de votre téléphone au quotidien, prolongeant ainsi sa durée de vie tout en réalisant des économies d'électricité.

Stratégie 46 : Devenez des fourmis (en plus c'est mignon, surtout les fourmis panda.)

Il est essentiel de placer une partie de votre argent de côté sur des comptes épargne afin de faire fructifier vos économies. Au début, j'ai commis l'erreur de laisser mon argent dormant dans un

60 Façons de faire des économies au quotidien.

compte bancaire classique, ce qui ne lui rapportait aucun intérêt. Bien que j'aie choisi un compte séparé pour le rendre moins accessible, il ne générait aucun revenu. Après avoir rapatrié mes économies sur un livret A, j'ai commencé à bénéficier d'un taux d'intérêt annuel de 2 %. Cela signifie que chaque année, mon argent produit environ 80 euros sans que je n'aie à lever le petit doigt. Si je n'avais pas rectifié cette erreur, j'aurais perdu 80 euros par an en intérêts non perçus. Sur toute une vie, avec les intérêts composés, cela aurait représenté près de 14 000 euros perdus.

Il est donc crucial, lorsque vous économisez, de placer votre argent sur un compte qui offre la possibilité de le récupérer rapidement et qui génère des intérêts, même minimes. Chaque petit gain compte, et comme cela a été démontré, sur le long terme, ces sommes peuvent devenir considérables.

Stratégie 48 : Prenez la ou vous pouvez prendre.

À une époque où la sensibilisation à la réduction du gaspillage alimentaire et à la consommation responsable prend de l'ampleur, l'utilisation d'applications mobiles pour trouver des invendus en magasin représente une solution innovante et pratique.

60 Façons de faire des économies au quotidien.

Le principe est simple : imaginons qu'un boulanger ait confectionné 10 baguettes pour la journée, mais à la fermeture, une reste invendue et risque de se dessécher d'ici le lendemain. Plutôt que de la jeter, le boulanger peut la proposer à la vente à un prix réduit via une application dédiée. Ainsi, les utilisateurs peuvent acheter ces invendus à moitié prix, permettant au boulanger d'éviter les pertes tout en offrant des économies aux consommateurs.

Ce concept s'étend également aux restaurants et autres commerces alimentaires. De nombreux restaurateurs utilisent ces applications pour écouler leurs plats invendus en fin de journée. En parcourant ces plateformes, vous pouvez découvrir des offres alléchantes, souvent composées de produits encore frais mais approchant de leur date limite de consommation.

L'une des applications les plus populaires dans ce domaine est "Too Good To Go", qui vous permet de trouver des pâtisseries ou des repas à prix réduit. D'autres applications similaires existent également, telles que Foodsi, bien que moins connues. En utilisant ces outils, vous pouvez réaliser des économies tout en contribuant à la réduction du gaspillage alimentaire.

60 Façons de faire des économies au quotidien.

Stratégie 49 : Y'en a un peu plus je vous le mets quand même.

Lorsque vous établissez votre budget mensuel, il est crucial de prévoir une marge de sécurité pour éviter de tomber dans le rouge. Cette stratégie s'avère particulièrement pertinente à l'heure actuelle, alors que les prix connaissent une tendance à la hausse. Lorsque vous calculez le montant que vous souhaitez épargner chaque mois, accordez-vous une marge de manœuvre pour faire face à d'éventuels imprévus. Par exemple, si vous prévoyez de mettre de côté 100 euros, envisagez plutôt de n'en épargner que 75 au début du mois. Cette réserve de 25 euros restants pourra être épargnée à la fin du mois si aucune situation inattendue ou augmentation de prix ne s'est produite.

L'un des principaux problèmes lors de la constitution d'une épargne est le risque de découvert bancaire. En fonction de votre autorisation de découvert, votre banque peut vous facturer des frais (agios) qui peuvent s'élever jusqu'à 15 euros, même pour un découvert léger, allant de -1 à -100 euros. De plus, une partie de votre salaire du mois suivant devra être utilisée pour compenser ce découvert, réduisant ainsi vos disponibilités financières.

En conséquence, ne pas prévoir de marge de sécurité peut entraîner des frais bancaires supplémentaires et réduire vos

60 Façons de faire des économies au quotidien.

économies globales, ce qui souligne l'importance de planifier avec précaution votre budget mensuel.

En temps normal, suivre un budget strictement défini réduit considérablement le risque de découvert. Cependant, la conjoncture actuelle peut entraîner des hausses soudaines des prix, perturbant ainsi l'équilibre de notre budget. Par exemple, si le prix d'un paquet de pâtes augmente soudainement de 10 centimes du jour au lendemain, cette variation peut avoir un impact significatif sur notre liste de courses et compromettre notre capacité à respecter notre budget mensuel. Si nous persistons à respecter notre budget malgré cette augmentation de prix, nous risquons de nous retrouver en situation de découvert.

C'est pourquoi il est essentiel de toujours prévoir une marge de sécurité lors de l'établissement de votre budget. Cette réserve financière permet de pallier aux fluctuations imprévues des prix et de prévenir les risques de découvert. Dans le pire des cas, cette marge de sécurité sera utilisée pour compenser les augmentations de prix, mais elle aura rempli son rôle crucial de protection contre les découverts. Dans le meilleur des cas, si aucune situation inattendue ne se présente, vous pourrez simplement ajouter cette marge de sécurité à votre épargne à la fin du mois.

60 Façons de faire des économies au quotidien.

Stratégie 50 : Utilisez intelligemment vos ressources.

L'idée de réutiliser les ressources à notre disposition plutôt que d'en acheter de nouvelles a déjà été abordée à plusieurs reprises dans ce livre, et pour cause : c'est l'un des moyens les plus efficaces pour réaliser des économies significatives. La récupération peut vous permettre d'économiser beaucoup d'argent tout en réduisant votre empreinte écologique.

L'un des aspects cruciaux de la réutilisation est la capacité des objets à être restaurés ou réadaptés, même lorsqu'ils sont endommagés. Par exemple, un jean troué au niveau des genoux peut retrouver sa fonctionnalité après une simple réparation, mais il peut également être transformé en short si vous avez des compétences en couture. Bien que le style puisse en pâtir, cette approche permet de prolonger la durée de vie de vos vêtements et de limiter les dépenses superflues.

De même, vous pouvez réutiliser des objets pour leur donner une nouvelle utilité. Par exemple, lors d'une visite à la décharge, j'ai découvert une carcasse de tour de PC et j'ai demandé au gérant si je pouvais la récupérer. Il a accepté, et j'ai également pu mettre la main sur une grande quantité de livres. Cette anecdote reflète la stratégie consistant à "profiter de ce qui est gratuit". En effet, les objets que les gens rejettent sont souvent destinés à être

60 Façons de faire des économies au quotidien.

éliminés, ce qui signifie que personne ne se soucie vraiment de ce que vous choisissez de récupérer. En exploitant cette opportunité, vous pouvez obtenir des ressources gratuitement tout en évitant qu'elles ne finissent à la décharge, contribuant ainsi à réduire le gaspillage.

Il convient de noter qu'il existe une exception à cette pratique de récupération, notamment en ce qui concerne les appareils électriques contenant des métaux rares et coûteux. Dans ce cas, les autorités de la décharge peuvent être réticentes à vous permettre de vous en servir, mais il vaut tout de même la peine de tenter votre chance.

Personnellement, j'ai utilisé la carcasse de la tour de PC récupérée pour fabriquer une table de chevet en fixant une planche de bois dessus. Bien que cette table ne soit pas la plus pratique qui soit, elle m'a permis d'économiser l'achat d'un meuble similaire.

Si l'esthétique est une priorité pour vous, sachez que vous n'êtes pas obligé de fabriquer des meubles avec des matériaux de récupération. Cependant, les possibilités de réutilisation sont nombreuses.

Je partage principalement des exemples de récupération que j'ai moi-même réalisés, car je suis plus familier avec mon propre cas.

60 Façons de faire des économies au quotidien.

Cependant, en prenant le temps de réfléchir aux objets dont vous disposez, vous trouverez sûrement des idées pour réutiliser ceux qui sont cassés ou que vous n'utilisez plus.

Par exemple, un miroir cassé peut être utilisé pour protéger votre fenêtre des cambrioleurs, bien que cette pratique puisse être controversée. Alternativement, si vous jetez simplement le miroir, vous pouvez le placer dans votre jardin de manière à refléter les rayons du soleil vers l'intérieur de votre maison, augmentant ainsi l'éclairage naturel (bien que cela dépende de la taille du miroir, un petit miroir pourrait ne pas être très efficace).

Si vous recherchez des idées supplémentaires, Internet regorge de suggestions. Une simple recherche avec des termes tels que "qu'est-ce que je peux faire en récup chez moi" vous fournira une multitude de résultats pour vous inspirer dans vos projets de récupération à la maison.

Stratégie 51 : Retrouvez vos premiers plaisirs.

Il est avantageux de privilégier les soirées jeux de société par rapport aux soirées télévisées ou aux jeux vidéo, notamment en termes d'économie d'électricité. Cependant, cette stratégie requiert la présence de plusieurs participants et la disponibilité de jeux qui plaisent à tous.

Les soirées jeux de société favorisent le lien social et contribuent à l'amélioration tant mentale que physique. Par exemple, les échecs sollicitent les capacités de calcul du cerveau, réduisant ainsi le risque de développer des maladies telles qu'Alzheimer. De plus, ces jeux stimulent les réflexes, favorisent la réflexion stratégique et offrent des moments d'apprentissage enrichissants.

Bien que cette approche ne soit pas dénuée de contraintes, elle mérite d'être explorée, même une fois par semaine, pour évaluer ses bienfaits potentiels. En général, il est préférable de limiter le temps passé devant les écrans, car cela peut entraîner des troubles du sommeil et des factures d'électricité élevées.

À l'heure où les prix de l'électricité continuent d'augmenter, il se peut que les soirées jeux de société deviennent une option de divertissement de plus en plus attrayante à l'avenir. L'avenir nous le dira.

60 Façons de faire des économies au quotidien.

Stratégie 52 : Utilisez jusqu'au bout les choses que vous achetez.

Il est fréquent que certains produits, comme le thé, soient présentés comme étant à usage unique alors qu'ils peuvent être réutilisés plusieurs fois. Par exemple, les sachets de thé peuvent souvent être utilisés une ou deux fois de plus avant de perdre tout leur arôme. Cette pratique simple permet non seulement d'économiser de l'argent en réduisant la fréquence d'achat de nouveaux sachets de thé, mais aussi de minimiser les déchets.

Il est donc judicieux de maximiser l'utilisation des produits que vous achetez. Par exemple, lorsqu'un pot de pâte à tartiner est presque vide, il reste souvent une quantité non négligeable au fond du pot. En récupérant systématiquement ce qu'il reste, vous pouvez économiser un ou deux pots supplémentaires par an, en fonction de votre consommation.

De plus, les sachets de thé usagés peuvent être réutilisés de manière écologique. Une fois que vous avez infusé votre thé, retirez l'étiquette en carton et enterrez le sachet sous une de vos plantes dans le jardin. Le sachet se décomposera progressivement, fournissant des nutriments essentiels à la plante.

60 Façons de faire des économies au quotidien.

Il est souvent surprenant de constater à quel point certains produits peuvent être utilisés à fond, même après avoir été considérés comme "finis". Par exemple, les tubes de dentifrice semblent vides une fois qu'on a appuyé dessus pour en extraire la dernière goutte. Cependant, en les coupant en deux, on découvre qu'il reste souvent suffisamment de dentifrice pour plusieurs utilisations supplémentaires. Cette astuce simple permet de prolonger la durée de vie du produit et d'économiser sur l'achat de nouveaux tubes.

De même, les bouteilles de shampoing, de gel douche ou de savon liquide peuvent sembler vides une fois qu'on ne peut plus les presser pour en faire sortir le produit. Cependant, en les remplissant partiellement d'eau et en les secouant, on peut récupérer les restes de produit qui adhèrent aux parois de la bouteille. Cette méthode permet d'utiliser le produit jusqu'à la dernière goutte, évitant ainsi le gaspillage.

Un autre exemple concerne les boîtes de conserve. Une fois que vous avez vidé une boîte de conserve de son contenu, vous pouvez la laver et la réutiliser comme récipient de stockage pour d'autres aliments ou comme pot de fleurs pour votre jardin. Cela évite non seulement d'acheter des contenants supplémentaires, mais aussi de réduire la quantité de déchets que vous produisez.

60 Façons de faire des économies au quotidien.

En résumé, il est essentiel d'explorer les différentes façons d'utiliser pleinement les produits que vous achetez. Que ce soit en récupérant les restes de dentifrice, en rinçant les bouteilles de produits de salle de bain ou en réutilisant les boîtes de conserve, chaque petit geste compte pour réduire le gaspillage et économiser de l'argent. En adoptant ces pratiques simples au quotidien, vous contribuez à une consommation plus durable et respectueuse de l'environnement.

Stratégie 53 : Tu feras ton café toi-même.

Une autre astuce pour économiser de l'argent au quotidien est de préparer votre café vous-même plutôt que de l'acheter au distributeur. En général, un café pris au distributeur coûte environ 50 centimes. Cependant, si vous achetez un paquet de café en magasin et le préparez vous-même, le coût par tasse peut être considérablement réduit. Vous pourriez dépenser environ 43 centimes pour une tasse de café de qualité ou seulement 11 centimes pour un café plus léger.

En plus de réaliser des économies, préparer votre café chez vous offre également plusieurs avantages pratiques. Vous pouvez le verser dans une thermos pour le garder chaud toute la journée, ce qui vous permet de le déguster à tout moment sans avoir à faire la

60 Façons de faire des économies au quotidien.

queue devant le distributeur. De plus, vous n'êtes pas contraint de le boire uniquement pendant vos pauses, ce qui vous évite de le rater si vous êtes occupé.

Même en ne réalisant que des économies modestes, comme 7 centimes par tasse de café, les économies peuvent rapidement s'accumuler. En prenant un café par jour de travail, vous pourriez économiser en moyenne 35 centimes par semaine, soit 1,40 euro par mois et plus de 13 euros par an. Si l'on considère un scénario plus optimiste avec des économies de 89 centimes par jour de travail, les économies pourraient atteindre jusqu'à 190 euros par an.

Pour ceux qui utilisent des dosettes de café, une alternative intéressante est l'utilisation de dosettes réutilisables. Des entreprises comme CapsMe en France proposent ce concept novateur. Avec les dosettes réutilisables, vous pouvez remplir une capsule avec votre propre café à l'aide d'un shaker. Bien que le coût initial soit d'environ 70 euros pour le shaker, les capsules réutilisables et les opercules, une fois achetés, ils peuvent être utilisés de manière durable. En achetant des opercules et du café supplémentaires, vous pouvez économiser considérablement sur le long terme, tout en réduisant votre empreinte environnementale grâce à une solution plus durable et écologique.

60 Façons de faire des économies au quotidien.

Stratégie 54 : Fuyez les distributeurs !!!!!!!

Éviter les distributeurs est une stratégie essentielle pour économiser de l'argent au quotidien. J'ai moi-même commis l'erreur de céder à la tentation des distributeurs en début d'année. À chaque fois que je passais devant le distributeur de la gare, je me laissais souvent tenter par un Kinder Bueno (le classique, bien entendu, pas le Bueno White). Cependant, c'est en examinant mon relevé bancaire à la fin du mois que j'ai réalisé l'ampleur du problème : j'avais dépensé 20 euros en un mois. On pourrait penser que c'est un montant négligeable, mais en réalité, si l'on considère la valeur réelle des Kinder Bueno, on se rend compte que le distributeur m'avait fait payer une marge de 10 à 12 euros sur les 20 euros dépensés.

Si j'avais acheté les mêmes produits en magasin, j'aurais pu en obtenir le même nombre pour environ 6,99 euros. Depuis cette prise de conscience, chaque fois que j'ai envie de grignoter en allant en cours, je préfère acheter directement les produits dont j'ai besoin au magasin. Cela s'applique également au café ou au chocolat chaud : si vous avez vraiment envie d'en prendre un, il vaut mieux le préparer vous-même, car les prix pratiqués par les distributeurs sont excessivement élevés.

60 Façons de faire des économies au quotidien.

Stratégie 55 : Le bon moment.

Il est intéressant de noter que les places de cinéma pour les séances du matin sont souvent moins chères que celles achetées pour les séances de l'après-midi. Personnellement, j'ai découvert cette information en effectuant des recherches pour écrire ce livre. Intrigué, je suis allé vérifier par moi-même, et effectivement, les places pour les séances du matin bénéficient d'un tarif préférentiel.

En réalité, il existe de nombreux autres services où les prix varient en fonction de l'heure d'achat. Par exemple, la plupart des restaurants proposent des prix plus bas pour le déjeuner que pour le dîner, et les restaurants "à volonté" peuvent être jusqu'à deux fois moins chers à midi qu'en soirée.

Cette différence de tarif s'explique par le fait que ces créneaux horaires sont souvent moins fréquentés. Les établissements doivent tout de même payer leurs employés et leurs charges, mais en proposant des prix réduits à ces moments-là, ils peuvent attirer davantage de clients et amortir une partie de leurs coûts.

Il semblerait également que les prix des billets d'avion varient en fonction de l'heure d'achat. Bien que je n'aie pas vérifié cette information, il n'est pas surprenant que les compagnies aériennes

60 Façons de faire des économies au quotidien.

ajustent leurs tarifs pour attirer des clients qui réservent à des horaires différents en raison du décalage horaire.

Comme toujours, je vous encourage à vous renseigner localement pour voir si les endroits que vous fréquentez proposent des tarifs préférentiels en fonction de l'heure. Si cela vous convient, n'hésitez pas à en profiter. Cependant, veillez à ne pas augmenter votre consommation simplement parce que les prix sont plus bas. Si vous n'appréciez pas particulièrement le cinéma, par exemple, ne vous forcez pas à y aller plus souvent sous prétexte que les séances du matin sont moins chères. En revanche, si vous êtes un habitué des sorties cinéma, cette astuce pourrait vous permettre d'économiser sur une activité que vous appréciez.

Stratégie 56 : Ne te compare pas aux autres.

À la fin du chapitre précédent, j'ai souligné l'importance de dresser un état des lieux de votre situation financière avant de commencer à faire des économies, afin de vous rappeler d'où vous venez et de mesurer les progrès accomplis en cas de difficultés ultérieures.

Ce conseil est étroitement lié à une autre recommandation : lorsque vous cherchez à économiser, ne comparez votre situation

60 Façons de faire des économies au quotidien.

qu'à celle que vous aviez auparavant, et évitez soigneusement de vous comparer aux autres. En vous comparant à autrui, vous risquez de vous décourager rapidement.

Chacun de nous a une situation unique : nos préférences alimentaires, nos passions, notre salaire, et même notre mentalité influent sur notre capacité à économiser. Une seule différence entre vous et votre voisin peut entraîner des économies et un mode de vie totalement différents.

Par exemple, si vous êtes légèrement plus enclin à la privation que votre voisin, vos économies à la fin de l'année pourraient être considérablement plus élevées que les siennes.

Alors, pourquoi se comparer ? Je veux surtout parler ici des comparaisons qui nous amènent à penser que nous sommes incompétents et que nous n'y arriverons jamais. Ces comparaisons sapent notre motivation et nous empêchent de progresser, car une fois que nous pensons être nuls, il est facile de croire que nos efforts sont vains et de renoncer.

Cependant, si vous voyez d'autres personnes réussir et que cela vous inspire en vous disant "si eux peuvent le faire, alors moi aussi", alors il n'y a pas vraiment de problème à vous comparer.

Il est important de faire preuve de prudence avec les comparaisons, car bien qu'au début cela puisse vous motiver, à long terme, cela peut aussi vous déprimer. Utilisez la comparaison avec modération et discernement.

Stratégie 57 : Utiliser des applications de cashback.

Les applications de cashback sont de plus en plus populaires de nos jours, et elles fonctionnent en partenariat avec des sites de vente en ligne, le plus connu étant IGraal. En résumé, ces sites de cashback dirigent du trafic et des clients vers les sites de vente en ligne, qui à leur tour accordent une commission aux sites de cashback pour chaque vente réalisée grâce à eux. En retour, le site de cashback vous reverse une partie de cette commission une fois que vous atteignez un seuil (par exemple, 20 euros sur IGraal), que vous pouvez ensuite transférer sur votre compte Paypal ou bancaire. Cela revient à bénéficier d'une réduction sur chaque achat en ligne que vous effectuez, bien que ces sites ne fonctionnent pas partout et que vous ne recevrez pas de cashback sur tous vos achats. Cependant, de nombreux grands sites sont partenaires de ces plateformes.

60 Façons de faire des économies au quotidien.

Si vous n'êtes pas intéressé par le cashback mais que vous faites régulièrement des achats en ligne, il est judicieux de prendre l'habitude de rechercher des codes de réduction avant chaque achat. Vous pourriez être agréablement surpris. Récemment, par exemple, j'ai économisé une vingtaine d'euros sur un achat en ligne d'environ 300 euros en trouvant un code de réduction de 8 % grâce à une vidéo où quelqu'un testait le produit que je voulais acheter. C'est une stratégie simple mais efficace pour économiser de l'argent. Pensez-y !

Stratégie 58 : Conserver vos piéces jaunes et vos piéces rouge.

Il est fort probable que chacun d'entre nous ait déjà vécu cette situation : acheter quelque chose, payer avec un billet ou de la monnaie, et ensuite perdre cette petite somme sans que cela ne nous dérange vraiment. Que ce soit 1, 2, 5 ou 10 centimes, cela ne semble pas avoir d'importance à première vue. Pourtant, si l'on y réfléchit bien, cela pourrait constituer une source d'argent assez significative. Souvent, nous laissons ces pièces dans notre poche et les perdons en chemin.

Une astuce simple consiste à les mettre à chaque fois dans un pot dédié, afin de ne pas les perdre et de les accumuler au fil du temps. Sur le long terme, cette petite somme peut se transformer

60 Façons de faire des économies au quotidien.

en une somme non négligeable. Vous pouvez choisir de déposer cette somme sur votre compte en banque chaque année, ce qui pourrait vous rapporter entre 30 et 40 euros par an si vous y mettez régulièrement de la monnaie et ne la touchez pas.

Sinon, vous pouvez utiliser cette monnaie pour payer vos petites dépenses au quotidien. Par exemple, les dépenses liées au petit déjeuner peuvent être coûteuses chaque mois. En ayant une réserve de pièces, vous pourrez vous offrir ces petits plaisirs sans toucher à votre argent liquide.

Certains peuvent également opter pour la méthode de ramassage des pièces qu'ils trouvent. Bien que cela puisse varier selon les personnes, il est important de ne pas ressentir de honte à le faire. Bien que cela puisse ne pas sembler être une action glorieuse, il est bon de se rappeler que la somme récupérée, même si elle est modeste, peut contribuer à votre économie personnelle. En fin de compte, si vous ne le faites pas, quelqu'un d'autre le fera.

Stratégie 59 : Ne boudez pas les magasins comme Emmaüs ou les brocantes.

Acheter à Emmaüs peut vous permettre d'économiser considérablement d'argent. Prenons l'exemple que j'ai évoqué précédemment, celui de l'achat d'un étendoir à linge pour ne plus avoir à utiliser votre sèche-linge électrique. Maintenant, la question se pose : où acheter cet étendoir et les accessoires qui vont avec ? Car si vous économisez 10 euros par an en arrêtant d'utiliser le sèche-linge, mais que vous dépensez 20 euros pour les épingles à linge et l'étendoir, l'opération peut sembler peu rentable à court terme.

Cependant, en vous rendant à Emmaüs par exemple, vous pourriez trouver des épingles à linge en bois à un prix tout à fait abordable, ainsi qu'un étendoir. Ce ne sont là que quelques exemples parmi tant d'autres que vous pourriez dénicher dans ces magasins. Bien souvent, vous pourrez y trouver des articles en bon état à des prix défiant toute concurrence. Assurez-vous simplement de vérifier les produits et de les tester avant de les acheter.

Par exemple, si vous envisagez l'achat d'un livre, prenez quelques instants pour vérifier que toutes les pages sont présentes et lisibles. Il serait dommage de payer pour un livre dont la moitié des pages sont tachées d'encre.

Dans ces magasins, il est souvent possible de négocier le prix des articles que vous souhaitez acquérir. Cependant, gardez à l'esprit que dans le cas d'Emmaüs, une partie des bénéfices est destinée à aider les personnes dans le besoin, donc négociez avec tact. Personnellement, j'ai déjà obtenu une réduction de 5 euros sur une commande de 50 euros de livres achetés là-bas en demandant poliment.

Les brocantes sont également des endroits où vous pouvez négocier avec les vendeurs. Vous y trouverez souvent des objets robustes à des prix abordables.

Stratégie 60 : Prévoyez toujours un budget.

C'est une pratique fondamentale pour maintenir un contrôle financier et atteindre ses objectifs d'économie.

Tout d'abord, établir un budget vous permet d'avoir une vue d'ensemble de vos revenus et de vos dépenses. Cela vous aide à comprendre où va votre argent et à identifier les domaines où vous pourriez réduire les dépenses superflues. En connaissant vos sources de revenus et vos obligations financières, vous pouvez mieux gérer votre argent et éviter les situations de découvert ou de dettes.

Ensuite, un budget vous permet de fixer des objectifs financiers réalistes. Que ce soit économiser pour un voyage, rembourser des dettes, constituer un fonds d'urgence ou épargner pour la retraite, un budget vous aide à allouer des fonds spécifiques à chaque objectif. En planifiant à l'avance, vous êtes plus susceptible de réaliser vos aspirations financières à long terme.

De plus, un budget vous aide à contrôler vos dépenses impulsives. En attribuant une limite à chaque catégorie de dépenses, vous êtes plus enclin à réfléchir avant de dépenser de l'argent sur des achats non essentiels. Cela vous permet de mieux gérer votre argent et de réduire les tentations d'achats impulsifs.

Enfin, prévoir un budget vous offre une tranquillité d'esprit. En sachant que vous avez un plan financier en place, vous pouvez éviter le stress lié à l'incertitude financière. Vous savez où vous en êtes et vous avez la confiance nécessaire pour prendre des décisions financières éclairées.

En résumé, prévoir un budget est essentiel pour une gestion financière saine et efficace. Cela vous permet de mieux contrôler vos finances, de fixer des objectifs réalisables et de réduire le stress financier. Que ce soit pour économiser de l'argent, rembourser des dettes ou planifier pour l'avenir, un budget bien établi est un outil précieux pour atteindre la stabilité financière.

60 Façons de faire des économies au quotidien.

Pour résumer, nous avons exploré une multitude d'astuces et de stratégies pour vous permettre d'économiser de l'argent chez vous. La plupart du temps, ces méthodes consistent simplement à remplacer une habitude par une autre, à ajouter de nouvelles pratiques à notre quotidien, ou même à nous passer de certaines dépenses superflues. Par exemple, au lieu de regarder la télévision, nous pouvons opter pour des soirées jeux de société.

En adoptant ces stratégies, vous constaterez rapidement des résultats tangibles et un retour sur investissement significatif. En appliquant la plupart de ces conseils, il est tout à fait envisageable de réaliser des économies conséquentes et d'atteindre, dans un laps de temps relativement court (environ 1 à 2 ans, selon votre salaire et vos circonstances), votre objectif d'avoir un fonds d'urgence équivalent à six mois de dépenses.

Nous avons ainsi parcouru les conseils que vous pouvez mettre en pratique chez vous. Bien sûr, il est impossible d'énumérer toutes les astuces existantes, mais avec celles que nous avons abordées, vous disposez déjà d'un ensemble solide pour faire des économies durables. Maintenant, nous allons explorer ensemble comment vous pouvez économiser de l'argent en ce qui concerne votre voiture.

60 Façons de faire des économies au quotidien.

Avant de conclure ce livre, j'aimerais vous rediriger si ça peut vous intéresser vers d'autres livres que j'ai produits et qui peuvent vous aider.

Tout d'abord, la version complète de comment faire des économies.

Comme je l'ai dit plus tôt, ce livre est un extrait de ce dernier. J'ai pris le soin de le reformuler et de rajouter des informations. Mais si vous voulez approfondir le sujet et découvrir d'autres aspects des économies, vous pouvez en apprendre plus sur comment lutter contre l'inflation, je vous conseille de vous le procurer (si vous ne voulez pas dépenser trop, prenez le en ebook, il est à 2,99€ dedans j'y aborde le sujet du supermarché, le sujet de la voiture l'un des premiers post de dépenses). Je vous donne aussi beaucoup d'autres idées pour économiser.

Si vous voulez en savoir plus, je vous invite à scanner le QR code juste en dessous.

60 Façons de faire des économies au quotidien.

Reprenez en main vos finances !

Découvrez comment reprendre en mains vos finances en scannant ce code

60 Façons de faire des économies au quotidien.

Pour le second livre, reprendre sa vie en main, c'est un livre qui vous apprend à fixer des objectifs et à les atteindre au quotidien.

Si vous avez l'impression de stagner dans la vie, si vous avez l'impression de ne pas avancer, de n'arriver à rien, je vous conseille ce livre.

Comme pour le précédent, si vous voulez en savoir plus je vous invite à scanner ce qr code.

60 Façons de faire des économies au quotidien.

Atteignez vos objectifs facilement !

Découvrez comment avancer dans votre vie et atteindre vos objectifs facilement.

60 Façons de faire des économies au quotidien.

Il ne me reste plus qu'à vous remercier d'avoir acheté cet extrait, en espérant que celui-ci vous est utile. Je vous souhaite donc une bonne chance dans votre objectif de réaliser des économies, et une bonne continuation.

toute représentation ou reproduction intégrale ou partielle faite sans le consentement de l'auteur est illicite.(art. L.122-4)

www.ingramcontent.com/pod-product-compliance
Lightning Source LLC
Chambersburg PA
CBHW052207220526
45471CB00004B/1856